쫌 이상한 체육 시간

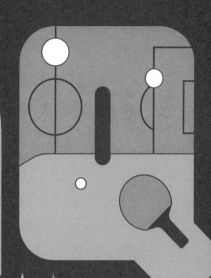

쫌 이상한 체육 시간

아는 만큼 재미있는
스포츠 인문학

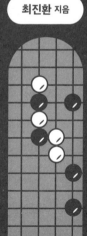

최진환 지음

창비

기발한 질문과 상상이 쏟아지는
'좀 이상한 체육 시간'을 꿈꾸며

저는 초등학교 4학년 때 육상을 시작했고, 중학교 2학년부터 고등학교 2학년까지는 레슬링 선수 생활을 했어요. 사람들은 '스포츠' 하면 즐겁고 유익한 활동을 떠올려요. 하지만 학생 선수였던 저에게 스포츠는 숨 막히는 경쟁과 고통스러운 훈련으로 늘 긴장해야 하는 전쟁같은 일이었어요. 고등학교 3학년 때는 운동선수로 살아갈 만큼의 재능이 없음을 받아들여야 했어요. 운동을 포기한 후 대학에 진학해 체육 교육을 전공하고, 북한학으로 박사 과정을 밟으면서 우리 사회의 체육 문제를 조금 더 큰 틀에서 고민할 수 있게 되었어요.

제가 중학교에 입학한 1982년, 1988년 서울 올림픽 준비를 위해 서울체육중학교가 다시 개교하였고, 금메달 획득 가능성이 있는 레슬링 종목이 체육중·고등학교에 처음 신설되었어요. 누가

시켜서 억지로 운동을 하고, 레슬링이라는 종목을 선택한 것은 아니었지만 그 선택이 오롯이 제 개인의 의지였다고 할 수 있을까요? 또 제가 대학을 다니던 시기에는 동구권 사회주의 국가들이 몰락하면서 국제 질서가 급변했고, 북한에 대해 사람들의 관심이 높아졌어요. 1991년 일본 지바에서 열린 세계 탁구 선수권 대회에서 처음으로 남북 단일팀이 만들어진 것도 그런 시대적 상황이 영향을 미쳤어요. 시상대에 한반도기가 올라가고 「아리랑」이 울려 퍼지는 걸 보며 말로 표현하기 힘든 감동이 일었지만, 한편으로는 스포츠가 왜 정치적일 수밖에 없는지, 정치로부터 자유로울 수 없는지 생각하는 계기가 되었어요. 이처럼 스포츠에는 정치, 사회, 경제, 문화적 이해관계가 복잡하게 얽혀 있어요. 시대 상황과 아주 밀접하게 연결되어 있기에 인류와 함께 성장하기도 하고, 제자리에 머무르기도 하고, 심지어 퇴보하기도 한답니다.

대학을 졸업하고 30년 가까이 체육 교사로 지내면서 체육 시간에 하는 활동 대부분이 스포츠 경기 규칙과 방법 익히기, 조별 게임, 수행 평가 등 기능적인 부분에 머무르는 것이 조금 아쉬웠어요. 운동장이나 체육관에서 동작 지식을 익히거나 신체 활동을 하는 것을 넘어 인문학적, 철학적 질문과 사유가 있는 체육 교육이 필요하다는 생각이 들었고, 이 책을 쓰기로 마음먹었어요. 체육과 스포츠 범주에서 우리가 꼭 알아야 하고 고민해야 하는 문제들을 뽑아내다 보니 스포츠 역사, 문화, 정치, 남북 관계, 차별과 공정,

법과 제도 등 다양한 이야깃거리를 다루게 되었답니다. 체육 시간에 이런 내용들을 배운다는 것이 다소 엉뚱하게 느껴질 수 있어요. 하지만 내가 지금 즐기고 있는 스포츠가 이 사회와 어떻게 연결되어 있는지 생각을 확장해 가다 보면 의외로 할 이야기들이 많답니다.

이 책에는 올림픽의 기원부터 스포츠 스타의 사인에 담긴 비하인드 스토리까지, 알수록 궁금하고 아는 만큼 재미있는 스포츠 이야기가 풍성하게 담겨 있어요. 하나의 이야기가 끝나면 연관 지어 생각해 볼 만한 사회, 과학, 경제, 예술 등 다른 영역의 문제들을 추가로 제시했어요. 정답이 따로 있는 건 아니에요. 영역을 넘나드는 질문에 답을 해 나가다 보면 조금 더 유연하고 세밀한 시각에서 세상을 바라볼 수 있게 될 거예요. 책을 읽으며 당연하게 생각했던 것들을 다른 각도에서 생각해 보세요. 친구들과 자유롭게 의견을 나눠 보는 것만으로도 충분히 의미 있는 시간이 될 거예요. 기발한 질문과 상상이 쏟아지는, '쫌 이상한 체육 시간'을 꿈꿔 봅니다.

스포츠와 관련된 진로를 꿈꾸는 학생들에게도 이 책이 도움이 될 거예요. 어떤 스포츠 분야의 진로를 선택하든 우리 사회에서 스포츠의 위상과 역할이 어떻게 변화해 왔는지 알아 둘 필요가 있으니까요. 스포츠가 좀 더 스포츠답게 우리 삶 가까이 자리 잡을 수 있기를, 이 책을 읽는 모든 독자가 몸으로 즐기는 스포츠에서

한 걸음 더 나아가 읽고, 쓰고, 토론하는 다채로운 방식으로 스포츠를 즐길 수 있게 되기를 바랍니다.

끝으로 이 책이 나올 수 있었던 것은 오롯이 책에만 집중할 수 있는 시간을 허락한 서울시교육청의 학습연구년 제도 덕분입니다. 책이 세상에 나오기까지 애써 주신 창비교육에도 감사 인사를 드립니다.

2022년 겨울
최진환

차례

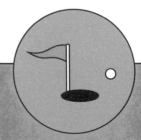

2부 당당하고 공정하게,
스포츠 정신

3부 떼려야 뗄 수 없는, 국가와 스포츠

4부 이건 몰랐지?
아는 만큼 보이는 스포츠 이야기

일러두기

• 본문의 스포츠 규정은 2022년 기준으로 작성되었습니다.

• 활동의 예시 답안과 참고 자료는 창비교육 홈페이지(www.changbiedu.com)
  그림책·단행본 페이지 '창비교육 − 자료실'에 있습니다.

1부

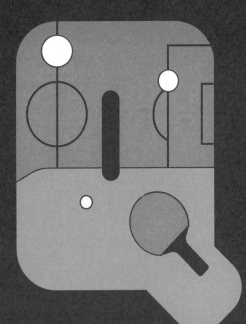

알수록
재미있는
스포츠의
유래와 규칙

마라톤이 금지된
나라가 있다고?

1896년에 열린 제1회 아테네 올림픽 마라톤 결승선 장면.
그리스의 스피리돈 루이스 선수가 결승 테이프를 끊자 관중의 함성이 쏟아졌다.

1896년 제1회 아테네 올림픽부터 정식 종목으로 채택된 마라톤은 42.195킬로미터*라는 초장거리를 달리며 인간의 한계에 도전하는 스포츠예요. 올림픽 마지막 날 경기를 열고 폐회식 때 시상식을 하며, 우승자에게 금메달과 함께 고대 그리스부터 승리의 상징으로 여겨져 온 월계관을 씌워 줍니다. 그야말로 올림픽의 마지막을 장식하는 꽃이라 할 수 있지요. 그런데 아시아의 올림픽, 아시안 게임을 개최하고도 마라톤 경기를 열지 않은 나라가 있어요. 1974년 이란의 수도 테헤란에서 열린 아시안 게임에서는 마라톤 경기가 열리지 않았어요. 왜 이런 일이 일어났을까요?

 이란이 마라톤을 금지하는 이유는 '전쟁'과 관련이 있어요. 마라톤이 기원전 490년 아테네와 페르시아가 벌인 '마라톤 전투'에서 유래되었다는 이야기를 한 번쯤 들어 보았을지도 모르겠네요. 그리스의 전령 페이디피데스가 전쟁터에서 아테네까지 달려가 승전보를 전하고 죽었다는 전설에서 마라톤이라는 종목이 만들어졌다는 이야기예요. (물론 이 이야기는 전쟁에서 승리한 아테네가 승리의 영광을 더 돋보이게 하려고 각색했을 가능성이 큽니다.) 마라톤 전투에서 패배한 페르시아의 후예들이 세운 나라가 바로 이란이랍니다. 이제 이란이 마라톤을 하지 않는 이유가 짐작이 가나요?

 이란은 마라톤 경기에 불참하는 소극적인 대응에서, 경기 자체

* 개최국에 따라 들쭉날쭉했던 코스 길이는 1924년 파리 올림픽부터 42.195킬로미터로 정식 기준이 정해졌다.

를 빼 버리거나 이름을 바꾸는 적극적인 거부까지 꾸준히 마라톤 경기에 반감을 드러내 왔어요. 다른 나라를 무시하고 이란 혼자서 이런 결정을 내려도 되나 의문이 들 수도 있지만, 당시 아시아올림픽평의회는 개최국 이란의 결정에 따랐다고 해요. 개최국의 문화를 존중하는 것도 중요하거든요.

이란에서는 당연히 마라톤 선수를 육성하지 않고, 경기 중계도 금지되어 있어요. 2017년에는 테헤란에서 첫 국제 마라톤 대회가 열렸는데, 대회 공식 명칭에 '마라톤' 대신 '페르시안 런Persian Run' 이라는 용어를 사용했어요.

마라톤 말고도 전쟁에서 비롯된 종목이 많아요. 예를 들어, 펜싱, 수영, 승마, 사격, 육상 다섯 종목으로 기량을 겨루는 근대 5종은 나폴레옹 전쟁 당시 군령을 전하기 위해 적진을 돌파한 프랑스 기마 장교의 영웅담에서 유래했다고 해요. 가까운 적은 칼로(펜싱), 먼 곳의 적은 총으로(사격) 제압하고, 강을 건너고(수영), 들판을 달리고(육상), 적의 말을 빼앗아 타기도 하며(승마) 임무를 완수한다는 의미를 담고 있어요.

근대 5종은 고대 5종을 계승했다고도 해요. 맹수를 사냥할 때, 강을 뛰어넘어 맹수를 쫓고(멀리뛰기), 돌을 던지고(원반던지기), 실패하면 달려서 쫓아가(달리기), 창을 던져 공격하고(창던지기), 맹수와 맞서 싸운다(레슬링)는 거예요. 이렇듯 사냥이나 전쟁에서 유래된 스포츠가 평화에 대한 염원을 담고 있다는 게 참으로 역설적이지요. 전쟁이 많았던 고대 그리스 도시 국가들은 기원전 776년부터 4년에 한 번씩 '올림피아Olympia 제전'을 열었어요. 이 기간에는 전쟁을 멈추고 제우스 신 등을 기리기 위해 운동 경기를 했어요. 이 경기들이 근대 올림픽의 기원이 되었고요.

2018년, 평창 동계 올림픽을 앞두고 유엔UN은 올림픽 기간 중 모든 군사적 행동을 중지하는 휴전 결의안을 통과시켰고, 한미 군사 훈련, 북한 미사일 실험 등이 모두 중단되었지요. 이 또한 올림픽의 평화 정신을 계속 이어 가려는 노력이에요. 최근에는 평화의 제전인 올림픽이 지나치게 상업화되었다는 비판의 목소리가 높아요. 하지만 1894년 근대 올림픽이 시작된 이래 지금까지 올림픽이 세계 평화와 인류 화합을 위해 노력해 온 것은 분명한 사실이랍니다.

+Q 전쟁과 스포츠

2022년 국제축구연맹FIFA과 유럽축구연맹UEFA은 우크라이나를 무력 침공한 러시아에 대해 '국제 대회 출전 금지' 조치를 내렸어요. 전쟁을 일으켜 세계 평화를 위협하는 나라의 대표 팀과 그 나라 리그 소속 클럽 팀에 경기 출전 불가 같은 제재를 가하는 것은 정당한 일일까요? 근거를 들어 자신의 생각을 말해 봅시다.

올림픽 종목은
어떻게 결정될까?

올림픽의 기본 원칙과 국제올림픽위원회가 채택한 규칙 및 부칙을 성문화한 올림픽 헌장.
1908년 'Annuaire du Comité International Olympique'라는 제목으로 처음 출판되었다.

올림픽 종목들은 어떻게 정해지는 걸까요? 미국이나 러시아처럼 힘이 센 나라가 정할까요? 아니면 당시 인기 있거나 유행하는 종목? 둘 다 틀린 말은 아니지만, 일반적으로 고대 올림픽에서 시작된 육상과 투기 종목들이 근대 올림픽으로 이어졌고, 거기에 새로운 종목들이 하나 둘 추가되었어요.

제1회 아테네 올림픽에서는 육상, 자전거, 펜싱, 체조, 사격, 수영, 테니스, 역도, 레슬링 총 9개 종목밖에 없었어요. 메달 수가 많은 종목 순으로 보면, 육상 12개, 체조 8개, 자전거 6개, 사격 5개, 수영 4개였어요. 그런데 제32회 도쿄 올림픽에서는 총 33개 종목에, 메달 수는 육상 48개, 체조 14개, 사이클(자전거) 22개, 사격 15개, 수영 47개로 늘어났어요.

새로운 종목이 올림픽 정식 종목으로 채택되려면 국제올림픽위원회International Olympic Committee, IOC 위원들의 치열한 토론 과정을 거쳐야 해요. 하지만 그것 말고도 외부의 정치적 상황이 영향을 미치기도 해요.

우선은 냉전* 시대라는 국제 정세의 영향이 있었어요. 1, 2차 세계 대전에 이어 냉전 시대가 오자 자본주의 진영과 사회주의 진영은 마치 올림픽을 통해 대리전쟁을 치르는 것 같았어요. 상대보다

---

* 제2차 세계 대전 이후 미국과 소련을 중심으로 한 자본주의와 공산주의의 대립을 뜻한다. 직접적으로 무력을 사용하지 않고, 경제 · 외교 · 정보 따위를 수단으로 갈등과 긴장, 경쟁 상태가 이어졌기 때문에 '총성 없는 전쟁'이라고도 한다.

메달을 더 많이 따려면 당연히 자신이 유리한 종목은 늘리고 불리한 종목을 줄여야겠지요. 육상과 수영에서 메달 숫자가 많이 늘어난 것도 이런 이유 때문이에요.

육상, 수영은 신체적으로 아시아 선수들에게 불리한 종목이에요. 우리나라는 1936년과 1992년 마라톤에서 딴 금메달 두 개가 올림픽 육상 메달의 전부였어요. 중국과 일본의 상황도 크게 다르지 않고요. 그렇기에 2008년 베이징 올림픽 자유형 400미터에서 금메달을 딴 박태환 선수를 '아시아의 기적'이라고 부르는 거예요. 2020년 도쿄 올림픽*에서는 수영 황선우 선수와 높이뛰기 우상혁 선수가 깜짝 놀랄 활약을 보여 주었어요. 메달을 따지는 못했지만 불모지나 다름 없는 종목에서 한국 신기록을 세우며 값진 성취를 이루어 냈답니다.

스포츠 외교라는 말이 있을 정도로 각국의 이해관계도 올림픽 종목에 영향을 미쳐요. 우리나라 고유의 무술인 태권도가 올림픽에 들어가기까지는 정말 힘든 과정을 거쳤어요. 1988년 서울 올림픽을 앞두고 외교적 노력을 총동원해서 시범 종목으로 채택되었지만, 정식 종목이 된 것은 2000년 시드니 올림픽부터예요. 그런데 2008년 사마란치 IOC 명예위원장이 "국제올림픽위원회 내에 태권도를 반대하는 사람들이 있다."라고 언급하면서

＊ 코로나19 팬데믹으로 실제로는 2021년에 개최하였으나 공식 대회 년도는 2020년으로 표기한다.

2008년 베이징 올림픽에서 태권도 퇴출 문제가 불거지기도 했어요. 2012년 런던 올림픽이 끝난 뒤에는 판정 시비가 잦고 재미가 없다는 이유로 레슬링 퇴출 이야기가 나오기도 했어요. 반대로 2016년 8월에는 2020년 도쿄 올림픽 정식 종목으로 야구/소프트볼, 가라테, 스케이트보드, 스포츠 클라이밍, 서핑이 추가되었어요. 한 올림픽에 종목이 5개나 추가된 사례는 처음 있는 일이었어요.

올림픽 정식 종목이 되기 위해서는 많은 조건을 통과해야 해요. 우선 국제올림픽위원회의 심사를 충족해야 해요. 올림픽 정식 종목 채택 조건에는 5개 영역, 35개의 세부 기준이 있는데, 올림픽에 제안할 만한지, 올림픽 운동 유산으로 얼마나 가치가 있는지, 얼마나 오랫동안 존속해 왔는지, 개최국에서 얼마나 인기가 있을지, 상업적으로 흥행할 수 있을지 등 조건이 매우 까다롭고 세세해요.

국제올림픽위원회에는 참가 선수 수와 세부 종목 수에 관한 규정도 있어요. 나라별 참가 선수는 최대 10,500명, 세부 종목 수는 310개로 제한하고 있고, 이 기준에 따라 수를 늘리고 줄여야 해요. 하지만 이는 대략적인 숫자로, 개최국의 올림픽조직위원회와 합의하면 조정할 수 있어요. 2016년 리우 올림픽에서는 11,237명으로 참가 선수 기준을 넘겼고, 2020년 도쿄 올림픽에서는 세부 종목이 339개나 되었어요. 어떤 종목이 올림픽에 채택되느냐 마느냐 하는 문제에는 이렇듯 복잡한 이해관계가 얽혀 있어요.

2020년 도쿄 올림픽 육상 종목에는 금·은·동메달 모두 합쳐 총 144개의 메달이 걸려 있었는데, 이중 아시아 선수가 딴 메달 수는 6개(중국 3개, 일본 3개)로 전체 대비 약 4퍼센트에 불과했어요. 수영에서는 총 105개 메달 중 11개(중국 6개, 일본 3개, 홍콩 2개)로 약 10퍼센트까지 따라 갔으니 육상보다는 조금 나은 편이었지요. 2020년 도쿄 올림픽 총 339개 금메달 중 상위 10위권 국가들이 약 60퍼센트에 달하는 203개 금메달을 가져갔어요. 206개 참가국 가운데 나머지 196개국에서 40퍼센트인 136개의 금메달을 나눠 가졌고요.

올림픽 개최 도시를 살펴봐도 같은 문제가 드러나요. 동남아시아나 아프리카 국가들은 올림픽을 개최하고 싶어도 엄두를 내지 못해요. 2022년을 기준으로 겨우 19개 국가만 하계 올림픽을 치렀고, 그 중에서도 미국이 4번, 프랑스, 영국, 호주, 독일, 일본, 그리스, 스웨덴이 2번씩 치렀어요.

전 세계인이 함께하는 평화의 축제에 걸맞은 위상을 찾으려면 저개발국도 올림픽을 개최할 수 있도록 지원해 주어야 해요. 저개발국이나 약소국들이 즐기는 놀이나 스포츠 중에서 더 많은 나라 사람들이 즐길 수 있는 종목을 선택해 올림픽 정식 종목으로 채택하면 세계인의 축제라는 의미를 보다 더 잘 살릴 수 있을 거예요. 가장 빠르게 나무 위로 올라가는 경기라든지, 외나무다리를 떨어지지 않고 빠르게 건너는 경기라든지, 무궁화 꽃이 피었습니다, 오징어 게임 같은 전래 놀이를 현대에 맞게 발전시켜 전 세계인이 기량과 승패를 겨루는 것도 재미있을 것 같아요. 그러면 강대국과 약소국이 한데 어우러지는 진정한 평화의 축제에 한발 더 가까워지지 않을까요?

+Q 내가 국제올림픽위원회 위원이 된다면

2024년 파리 올림픽에서는 브레이크 댄스, 브레이킹이 정식 종목으로 확정되었고, 2020년 도쿄 올림픽에서 부활했던 야구는 다시 정식 종목에서 탈락했어요. 만약 내가 국제올림픽위원회 위원이 되어 올림픽 종목을 정하는 데 의견을 낼 수 있다면 어떤 놀이나 게임을 올림픽 종목으로 넣을지, 또 어떤 종목을 뺄지 이유와 함께 말해 봅시다.

줄다리기가 올림픽
정식 종목이었다고?

1920년 앤트워프 올림픽 줄다리기 경기 모습. 이 대회 이후 국제올림픽위원회가
올림픽 종목을 체계화하였고, 국제화되지 못한 줄다리기는 정식 종목에서 퇴출되었다.

이번에는 줄다리기 종목에 대해 이야기해 보려고 해요. 그런데 왜 '종목'이라는 표현을 썼을까요? 보통 줄다리기 하면 학교 체육 대회가 떠오르지요. 양편이 마주 보고 서서 기다란 줄을 자기 쪽으로 많이 잡아당겨 오면 이기는 이 단순한 경기가 올림픽 정식 종목이었던 적이 있어요. 믿기 어렵겠지만 사실이에요.

1900년 제2회 파리 올림픽부터 1920년 제7회 앤트워프 올림픽까지 줄다리기는 올림픽 정식 종목이었어요. 대부분의 올림픽 경기는 국가 단위로 이루어졌지만, 줄다리기는 여러 국가 선수들이 한 팀을 이루어 출전할 수 있었고, 개별 클럽 단위로도 참가할 수 있었어요. 남자들만 출전하는 경기였고, 금메달은 주로 영국과 스웨덴에서 가져갔어요. 참가국 숫자가 많지 않아 오래 지속되지는 못했지만, 1999년 6월 서울에서 열린 국제올림픽위원회 총회에서 국제줄다리기연맹Tug of War International Federation, TWIF을 임시로 인정했고, 2002년 정식 단체로 승인해 주었어요. 이것은 국제스포츠연맹Interarntional Sports Federation, IF에 스포츠 단체로 등록될 수 있는 자격을 갖추었다는 의미예요. 현재 국제줄다리기연맹은 2년마다 국제 대회를 개최하고 있답니다.

국제줄다리기연맹의 목표는 줄다리기를 다시 올림픽 정식 종목으로 만드는 거예요. 줄다리기가 올림픽 정식 종목이 되기 위해서는 많은 조건을 갖춰야 해요, Q2에서 설명한 5개 영역, 35개의 세부 기준을 통과해야 하고, 국가별 정식 줄다리기 협회가 있어야 해요. 또 남성은 최소 75개국과 4개 대륙에서, 여성은 40개 이상 국가와 3개 대륙에서 경기가 진행되어야 해요. 이 모든 조건을 갖춰야 국제올림픽위원회 총회에서 논의될 수 있어요. 현재 6개 대륙, 73개국이 국제줄다리기연맹에 가입되어 있고, 우리나라도 가입국이에요. 하지만 2020년 도쿄 올림픽 정식 종목 도전에는 실패했고, 다음 올림픽을 바라보고 있지요.

줄다리기는 체급별 경기라고 할 수 있어요. 힘을 겨루는 경기다 보니 아무래도 선수들 체중의 합이 중요할 수밖에 없지요. 국제줄다리기연맹에서는 참가자 8명의 체중 합계 상한선을 700킬로그램, 640킬로그램, 520킬로그램으로 나누어 체급을 정하고 있어요. 경기 전에 선수들의 몸무게를 재고 그 합이 규정에 맞아야 경기에 참가할 수 있어요. 줄은 오른쪽으로 잡고, 3전 2선승제에, 경기 시간은 무제한이에요.

줄다리기의 장점은 뭐니 뭐니 해도 단합된 힘을 기를 수 있다는 점이에요. 8명이 한 몸처럼 움직여 상대의 체력을 소진시키고 중심을 무너뜨리려면 경기 흐름을 좌우할 작전과 단결된 힘이 있어야 하니까요.

우리나라에서도 일반 줄다리기와 구분되는 스포츠 줄다리기 동호인들이 많아요. 동호인 대회도 있고, 국제 대회에도 참가하고 있어요. 하지만 아직 줄다리기 종목이 있는 지방 자치 단체 체육회는 많지 않아요.

줄다리기에 관한 우리나라의 최초 기록이 1400년대 후반에 나오는 걸로 봐서 실제로는 그보다 오래전부터 전해져 온 것으로 보여요. 고싸움, 외줄다리기, 게줄다리기 등 지역마다 약간씩 차이가 있지만 모두 풍년을 기원하고 공동체의 화합을 이루어 내기 위한 놀이였어요. 줄의 길이가 길게는 146미터에 이를 정도였다고 하니 마을이나 지역 사람들 전부가 대동단결하여 경기를 했겠지요? 줄다리기가 단결과 화합의 상징이어서 그랬는지 일제 강점기였던 1918년, 대구의 경찰서와 헌병대에서 '폐해가 많다'는 이유로 줄다리기를 금지했어요. 사람들이 한꺼번에 많이 모이는 만큼 혹시 일제에 저항하는 집단행동이 나올까 두려웠나 봐요.[1]

2015년에는 우리나라가 앞장서서 베트남, 필리핀, 캄보디아와 공동으로 줄다리기의 유네스코UNESCO 무형 문화유산 등재를 추진했어요. 이 나라들과는 같은 벼농사 문화권에 있고 비슷한 형식의 줄다리기 전통을 간직하고 있었거든요. 아쉬운 점은 북한과 함께하지 못한 거예요. 북한도 함께 신청했다면 남북 교류와 화합에 큰 도움이 되었을 텐데 참 아쉬워요.

유네스코 인류 무형 문화유산으로 등재된 줄다리기에서 사용하는 줄은 우리가 흔히 알고 있는 밧줄이 아니에요. 벼농사를 끝내고 짚을 꼬아서 만든 줄을 여러 겹으로 엮어서 만든 줄로, 길이가 무려 200~300미터에 이르고 그 무게도 40톤에 달할 정도예요. 우리나라 전통 줄다리기 가운데 '영산 줄다리기', '기지시 줄다리기'의 모습과 비슷해요.

줄다리기는 어느 특정 지역의 전통이 아니라 인류 공통의 놀이 유산이었어요. 그렇기에 지금도 올림픽 정식 종목으로 채택되려는 노력을 계속하고 있지요. 여러분 생각은 어떤가요? 줄다리기가 올림픽 정식 종목이 될 수 있다고 생각하나요?

+Q 일제가 금지한 전통 놀이

일제 강점기, 일본은 우리 문화 말살 정책을 펼쳐 36년간 우리말과 글을 빼앗았어요. 놀이도 마찬가지였어요. '줄다리기'를 금지한 것처럼 우리 전통 놀이를 금지하고, 일본 놀이를 하도록 했거든요. 우리가 전통 놀이라고 알고 있는 것들의 뿌리를 조사해 보고, 일제가 금지한 전통 놀이 중 복원해야 할 것을 찾아봅시다.

Q4 올림픽 마스코트는
언제 처음 생겼을까?

1968년 그르노블 동계 올림픽에서 최초로 올림픽 마스코트가 등장했다.
'슈스'라는 이름의 이 마스코트는 스키 타는 눈사람을 표현했다고 한다.

올림픽, 월드컵 같은 국제 스포츠 행사가 열리면 자연스럽게 어떤 마스코트가 등장할까 기대를 갖고 보게 돼요. 이번에는 얼마나 사랑스러운 캐릭터일지, 또 어떤 상징을 가지고 있을지 궁금해하는 사람들이 많아요. 그런데 혹시 '마스코트'의 뜻을 알고 있나요? 마스코트는 원래 '행운을 가져온다고 믿어 간직하는 물건이나 사람'을 의미해요. 그 뜻이 확장되어 단체나 행사를 대표하거나 상징하는 이미지가 된 거지요.

올림픽에서 마스코트가 첫 선을 보인 것은 1968년 그르노블 동계 올림픽이에요. 마스코트의 이름은 '슈스Schuss', '스키를 신은 작은 사람'이란 뜻이에요. 이때는 아직 공식 마스코트라는 개념이 자리잡기 전이라 '슈스'를 그냥 '캐릭터'라고 불렀어요. 이 캐릭터는 등장하자마자 엄청난 인기를 끌었고 열쇠고리, 핀, 시계, 풍선 등 다양한 상품이 엄청나게 팔렸어요. 이러한 성공 덕분에 1972년 뮌헨 올림픽부터 공식적으로 마스코트가 도입되었어요.

뮌헨 올림픽의 공식 마스코트는 '발디Waldi'였어요. 독일의 유명한 개 품종인 닥스훈트에서 영감을 받은 캐릭터인데, 개최지에서 유명한 동물을 마스코트로 쓰게 된 게 이때부터예요. 동물 마스코트는 개최지의 특색을 단번에 보여 주면서, 남녀노소 모두가 좋아했어요. 마스코트는 올림픽의 또 다른 볼거리이자 큰 상업적 수익까지 올려 주는 흥행 요소가 되었어요.

1988년 서울 올림픽에서는 어떤 동물이 마스코트로 등장했는

1972년 뮌헨 올림픽 공식 마스코트 발디　　1988년 서울 올림픽 공식 마스코트 호돌이

지 알고 있지요? '호돌이'는 귀엽고 씩씩한 아기 호랑이가 상모를 돌리는 모습이었어요. 우리나라 전래 동화나 민화에 자주 등장하는 호랑이를 친근하고 귀여운 모습으로 재탄생시켰지요. 2018년 평창 동계 올림픽의 '수호랑'과 '반다비'는 백호와 반달가슴곰이 었는데, 호랑이는 우리나라를, 반달가슴곰은 강원도를 대표하는 동물이에요. 평화의 올림픽이라 불리는 서울 올림픽에 등장했던 호랑이를 평창 동계 올림픽에 다시 등장시켜 두 올림픽이 서로 연결되어 있다는 의미를 부여했어요.

　1976년 몬트리올 올림픽에서는 캐나다 원주민의 상징인 비버를 형상화한 '아믹Amik'이, 1980년 모스크바 올림픽에서는 소련 대표 동물인 곰 '미샤Misha'가, 1984년 로스앤젤레스 올림픽에서는 미국의 상징 독수리 '샘Sam'이 등장했어요. 동물을 마스코트로 한 사례는 이것 말고도 많아요. 참고로 로스앤젤레스 올림픽 때 처음에는 캘리포니아주의 상징인 곰을 마스코트로 만들려 했지만, 모스크바 올림픽에서 먼저 곰을 사용했기 때문에 독수리를 채택했다고 해요.

이웃 나라 중국은 중국을 대표하는 동물 판다를 마스코트로 자주 활용해 왔어요. 2008년 베이징 하계 올림픽의 '징징晶晶', 2022년 베이징 동계 올림픽의 '빙둔둔氷墩墩' 모두 판다였고, 그보다 이전인 1990년 베이징 아시안 게임 마스코트도 '판판盼盼'이라는 이름의 판다였어요. 중국은 '판다 외교'라는 말이 있을 정도로 판다를 국제 외교에 적극 활용하는데, 다른 나라들과 우호 관계를 맺을 때 기념으로 판다를 선물해요.

냉전이 한창이던 1972년, 미국과 중국이 탁구를 매개로 한 '핑퐁 외교'로 갈등 관계에서 화해 국면으로 접어들 때도 어김없이 판다가 등장했어요. 중국 마오쩌둥 주석이 판다 한 쌍을 미국 닉슨 대통령에게 선물했던 거지요. 그런데 바다 건너 다른 나라로 가도 판다의 소유권은 여전히 중국에게 있다는 사실을 알고 있나요? 선물이라 하더라도 잠시 다른 나라에 빌려주는 개념이라고 해요. 우리나라에도 1994년에 한 쌍의 판다가 왔는데, 1998년 외환 위기 때 중국으로 돌려보냈어요. 그 뒤 2016년 시진핑 주석이 한국에 판다 한 쌍을 보냈고, 2020년에는 이 판다들 사이에서 새끼가 태어났어요. 당연히 이 새끼 판다의 소유권도 중국에 있답니다.

월드컵 축구에서는 언제부터 마스코트가 사용되었을까요? 1966년 잉글랜드 월드컵에서 영국을 상징하는 동물, 사자를 형상

1966년 잉글랜드 월드컵 마스코트 윌리   2002년 한일 월드컵 마스코트 아토, 캐즈, 니크

화한 '윌리Willie'가 등장했는데, 최초의 올림픽 마스코트 '슈스'보다 2년 빨랐어요. 2002년 한일 월드컵 마스코트는 '붉은 악마'가 아니라 '아토Ato', '캐즈Kaz', '니크Nik'였어요. 특이한 점은 실존하는 것이 아닌 가상 이미지였다는 거예요. 그 때문인지 우리나라가 4강에 진출하는 신화를 쓴 월드컵이지만 마스코트에 대한 기억은 희미해요.

마스코트는 올림픽이나 월드컵 같이 국제적인 스포츠 이벤트뿐만 아니라 국내 스포츠에서도 다양하게 활용되고 있어요. 프로 야구나 프로 농구 팀 유니폼을 생각해 보세요. 팀 연고지나 구단주 회사를 상징하는 마스코트가 있지요. 요즘은 각 지방 자치 단체들마다 마스코트를 개발하려고 해요. 마스코트 문화가 점점 더 범위를 넓히며 스포츠, 지역 문화, 축제와 긴밀한 관계를 맺고 있어요.

앞으로 각종 국내, 국제 스포츠 대회들을 볼 때 어떤 의미와 상징이 담긴 마스코트가 등장하는지 살펴보세요. 대회를 즐기는 또 다른 재미가 될 테니까요.

+Q 스포츠 마스코트의 의미와 디자인

내가 살고 있는 지역에서 스포츠 대회가 열리거나 프로 팀이 생긴다면 어떤 마스코트를 만드는 게 좋을까요? 우리 지역을 잘 설명하고 대표할 수 있는 마스코트를 생각해 보고 디자인도 해 봅시다.

올림픽 박물관에는 어떤 유물이 전시되어 있을까?

스위스 로잔에 있는 올림픽 박물관. 고대 그리스 올림픽부터 1988년 서울,
2018년 평창, 그리고 최근까지의 올림픽과 관련된 다양한 기록들이 소장되어 있다.

선대 인류가 후대에 남긴 물건을 유물이라 해요. 그릇, 농기구, 공예품, 그림, 탑, 집터, 무덤에 이르기까지 유물들은 지나온 시대의 풍습과 문화, 시대상을 짐작할 수 있게 해 주어요. 그렇다면 스포츠와 관련된 유물에는 어떤 것들이 있을까요?

스위스 로잔에 있는 올림픽 박물관에는 올림픽과 관련된 유물들이 전시되어 있어요. 선수들이 입었던 유니폼, 신발, 경기 용품, 역대 주 경기장 사진 또는 모형 등이 전시되어 있어 올림픽 역사를 한눈에 볼 수 있답니다.

호주 육상 선수 캐시 프리먼의 스파이크

이 신발은 로잔 올림픽 박물관에 전시되어 있는 육상 스파이크*입니다. 박물관에 전시했다는 것은 후대에 전승할 만한 가치가 있다는 의미겠지요. 이 스파이크에는 어떤 사연이 있을까요? 분명 세계 신기록을 세웠거나 특별히 기념할 만한 이야기가 있을 거예요.

이 스파이크는 2000년 시드니 올림픽 육상 400미터 결승에서

---

* 미끄러움을 방지하고 추진력을 높이기 위해 바닥에 뾰족한 징이나 못을 박은 운동화. 신발은 육상 기록에 중대한 영향을 미치는 요소로, 각 종목에 맞게 기능과 모양이 특성화되어 있다.

금메달을 획득한 캐시 프리먼이라는 호주 원주민 출신 선수가 신었던 것이에요. 오랫동안 원주민을 차별해 온 호주 정부는 인종 차별 역사에 대한 반성과 화해의 의미를 담아 캐시 프리먼을 올림픽 성화 점화자로 선택했어요. 그런데 한번도 올림픽 금메달을 따지 못한 원주민이 어떻게 최종 점화자가 될 수 있느냐며 비난하는 사람이 많았어요. 캐시 프리먼은 자신을 향한 기대와 비난에 큰 부담을 안고 경기에 나설 수밖에 없었지요. 하지만 그녀는 보란듯이 400미터 결승선을 가장 먼저 통과했고, 호주 사회의 변화와 인종 화합의 상징으로 우뚝 서게 되었어요. 그녀가 경기에 신었던 스파이크의 빨강, 노랑, 검정 색깔은 호주 원주민 깃발에 들어간 색이에요. 국제올림픽위원회는 2000년 시드니 올림픽이 끝나고 이 운동화를 기증받아 올림픽 박물관에 전시했어요.

올림픽 박물관에는 한국과 북한에서 기념이 될 만한 것이 각각 하나씩 전시가 되어 있는데요. 한국을 대표해서는 2021년 도쿄 올림픽에서 안산 선수와 김제덕 선수가 양궁 혼성 단체전 금메달을 땄을 때 사용했던 화살이 전시되어 있어요. 북한을 대표해서는 1972년 뮌헨 올림픽 사격 종목에서 금메달을 딴 리호준 선수의 가죽 재킷 유니폼이 전시되어 있어요. 북한이 올림픽에 참가해 처음으로 획득한 금메달이니 그 상징성을 높게 사 전시하고 있는 것으로 짐작되어요. 이렇듯 올림픽을 통해 남겨진 유산은 후대에게 어떤 의미를 부여하기도 하고 역사를 공부할 수 있는 좋은 자료가

되기도 하지요.

올림픽 박물관에는 2018년 평창 동계 올림픽 입장식에서 남과 북이 공동으로 입장하는 장면이 담긴 사진도 전시되어 있어요. 평화의 올림픽으로 불리는 평창 동계 올림픽의 가장 상징적인 장면을 담은 사진이에요. 또한 같은 올림픽에서 남북이 여자 아이스하키 단일 팀으로 참가했던 것을 기념하는, 선수들의 사인이 담긴 유니폼도 전시되어 있지요. 여기에는 올림픽이 분단된 한반도에 평화를 가져오는 계기가 되기를 바라는 마음이 담겨 있어요. 올림픽 불과 1년 전만 해도 북한의 미사일과 핵 실험, 한미 군사 훈련 등으로 우리나라를 둘러싸고 긴장이 고조되어 있었어요. 그런데

1972년 뮌헨 올림픽 사격 종목에서 금메달을 딴 리호준 선수의 유니폼

2018년 동계 올림픽에서 남북 단일팀으로 출전한 여자 아이스하키 팀의 사인이 담긴 유니폼

올림픽 박물관에 전시되어 있는 2018년 평창 동계 올림픽 남북 공동 입장 사진

평창 올림픽 개막식에 남과 북이 함께 등장하며 전 세계에 남과 북, 나아가 세계 평화의 가능성을 보여 주었어요.

+Q 스포츠 문화유산

우리가 살고 있는 시대의 문화를 잘 반영하는 스포츠 문화유산에는 어떤 것이 있을지 찾아봅시다. 또 내가 본 가장 감동적인 스포츠 경기를 떠올려 보고, 그 경기에서 박물관에 전시할 스포츠 문화유산을 선정해 봅시다.

**체육과 스포츠는
무엇이 다를까?**

'스포츠'는 '여가'를 뜻하는 옛 프랑스어 'desport'에서 유래되었다고 한다.

체육과 스포츠. 같은 말일까요, 다른 말일까요? 다르다면 어떻게 다를까요? 그게 그거 같고 명확히 구분하기 어려울 거예요. 체육은 몸 체體, 기를 육育자를 써요. '몸을 기르는 일'이라는 뜻이지요.

'체육'이라는 말을 쓰기 시작한 것은 1880년대로 거슬러 올라가요. 우리나라에 독일 체조가 소개되면서 처음에는 '체조'라는 말을 썼지만 일제가 학교 체육이라는 표현을 쓰면서 체육이라는 말이 굳어지게 돼요. 그렇다면 스포츠란 무엇일까요? 종종 뉴스 기사 같은 글에서 "현대 사회에서 스포츠는 일종의 모의 전쟁이다."라는 표현을 볼 수 있을 거예요. 여기에 스포츠 대신 '체육'을 넣어 보면 어떨까요? 어색하게 느껴진다면 왜 그런 걸까요? 바로 여기에서 체육과 스포츠의 차이가 드러나요. 바로 경쟁이 있는가 하는 점이에요.

스포츠에는 경쟁이 있어요. 스포츠가 일정한 규칙에 따라 속력, 지구력, 기능 등을 겨루는 일이라면 체육은 신체 활동으로 건강과 체력을 증진하는 교육적 의미가 커요. 스포츠에는 규칙, 상대, 경쟁이 있어요. 그래서 요즘에는 바둑, 체스도 스포츠라고 불러요. 큰 신체 활동은 없지만, 일정한 경기 규칙에 따라 상대와 경쟁해서 승부를 가리기 때문이지요. 그렇다면 등산이나 낚시도 스포츠가 될 수 있지 않을까요? 이런 활동도 대회를 열어 경쟁할 수 있으니까요. 하지만 보통은 경쟁 없이 여가 활동으로 즐기는 경우가 더 많아요. 그래서 여가 활동을 의미하는 '레저'와 '스포츠'를 합쳐서 '레포츠'라는 말을 쓰기도 해요.

체육관을 스포츠관이라고 부르면 어떤가요? 이 경우에는 몸을 단련하는 공간이라는 뜻으로 '체육'을 쓰는 것이 적절해 보여요. 체육복도 마찬가지이고요. 학교에 있는 각종 스포츠 동아리는 어떤가요? 축구, 농구, 배드민턴 같은 운동을 함께하니까 체육 동아리보다는 스포츠 동아리가 어울리겠지요.

역사적 의미나 사회적 합의로 어색한 표현을 그대로 쓰는 경우도 있어요. 올림픽 같은 국제 대회를 앞두고 있을 때 '남북 체육 회담'이 열린다는 뉴스를 본 적 있을 거예요. 남북한이 국제 대회에 단일팀으로 참가할지 등의 문제를 논의하는 회담인데, 스포츠 회담이 아니라 체육 회담이라고 해요. 남북이 만나서 신체를 단련하는 교육 회담을 하는 것도 아닌데 말이에요. 의미만 봤을 때는 '남북 스포츠 회담'이 적절하겠지만, 남북한 언어 차이를 고려해 체육 회담으로 쓰고 있어요. 체육과 스포츠를 구분해 쓰는 남한과 달리 외래어, 외국어를 고유어로 바꾸어 쓰는 북한은 스포츠가 들어가는 모든 자리에 체육을 넣어 사용하고 있거든요. 체육과 스포츠를 같은 개념으로 보고 있는 거지요.

사실 우리라고 해서 체육과 스포츠가 딱 떨어지게 구분되어 있지는 않아요. 법에서 정의한 스포츠와 체육의 뜻을 보면 알 수 있어요. 「스포츠기본법」 제3조 제1항에서는 "스포츠란 건강한 신체를 기르고 건전한 정신을 함양하며 질 높은 삶을 위하여 자발적으로 행하는 신체 활동을 기반으로 하는 사회 문화적 행태를 말하며, 「국민체육진흥법」 제2조 제1호에 따른 체육을 포함한다."라고 정의하고 있어요.

「국민체육진흥법」에서는 "체육이란 운동 경기·야외 운동 등 신체 활동을 통하여 건전한 신체와 정신을 기르고 여가를 선용하는 것을 말한다."라고 정의하고 있고요. 스포츠와 체육의 의미가 겹쳐서 사용되고 있는 거예요.

체육과 스포츠는 어떤 면에서는 명확하게 구분되지만 어떤 면에서는 여전히 혼동되어 쓰이고 있어요. 그렇다면 처음 정의 내린 것을 기준으로 어떤 때 스포츠라 하고 어떤 때 체육이라 불러야 할지 사안마다 사회적 합의를 거치는 수밖에 없겠지요.

+Q 스포츠의 정의와 기준

여러분이 생각하는 스포츠의 정의와 기준을 정리해 보고, 그 기준에 근거하여 '요리 대회'를 스포츠로 볼 수 있을지 없을지 판단해 봅시다.

**바둑은 어떻게
스포츠로 인정받았을까?**

2010년 광저우 아시안 게임 남자 바둑 단체전 결승 대국 장면.
이 대회에서 한국 대표 팀은 바둑에 걸린 금메달 3개를 모두 따냈다.

과거 올림픽은 아마추어 정신을 강조하며 경기에서 우승한 사람에게 월계관과 금메달을 주었어요. 돈보다는 명예에 가치를 두었던 거예요. 그런데 현대로 올수록 상업적 영향력이 커지고 국가 간의 경쟁이 치열해졌어요. 보상 차원에서 상금이 올라가자 아마추어 정신은 쇠퇴하게 되었지요. 이제는 올림픽도 점차 프로화, 직업화되어 가는 추세예요.

국제올림픽위원회는 개최 도시가 더 많은 수익을 올릴 수 있도록 고민하고 있어요. 올림픽을 유치하면 숙박, 관광, 광고, 방송 중계권료 등의 수익을 올릴 수 있지요. 올림픽 시장 규모가 커지다 보니 나라마다 고유 게임이나 놀이를 발전시켜 올림픽 정식 종목으로 만들려는 노력도 하고 있어요. 자신들에게 유리한 종목을 올림픽에 넣고 싶은 거예요.

대표적인 종목으로 바둑이 있어요. 바둑의 종주국은 중국이고, 한국, 일본, 대만이 경쟁하고 있어요. 세계 바둑 대회도 많고, 국내 대회도 굉장히 많아요. 세계 랭킹 10위 안에는 중국 기사들이 많지만 상위 랭킹은 늘 한국 기사들 몫이에요. 동남아시아와 유럽 몇 나라들도 바둑을 두기는 해요. 하지만 바둑 대회가 전 세계적인 대회가 되려면 국제올림픽위원회 기준에 따라 최소 4개 대륙, 75개국 이상이 참가해야 해요. 아직 올림픽 정식 종목이 되기 위한 기준에는 한참 미치지 못하고 있는 거지요. 그런데 아시안 게임에서는 바둑이 정식 종목에 포함되어 있어요. 2010년 광저우 아시안 게임에서 바둑이 처음 포함되었고, 중간에 사라졌다가 2022년 항저우 아시안 게임*에서 다시 부활했어요. 이 두 대회의 공통점이 뭘까요? 바로 개최지가 중국이라는 거예요.

바둑이 아시안 게임이라는 스포츠 축제 안으로 들어가려면, 우선 스포츠로 인정받아야 하겠지요. 그 논의가 시작될 때 중국과 일본이 영향력을 발휘했어요. 중국은 오래전부터 바둑 단체가 정부 체육 기구에 포함되어 있었고, 일본도 1999년 바둑협회를 체육협회에 가입시켰어요. 일본은 바둑을 체계적으로 연구하고 장려해서 현대 바둑을 정립시켰어요. 그래서 자신들이 바둑의 종주국이라고까지 생각해요. 올림픽 종목에 편입시키기 위해 아프리카 지역에 바둑을 보급하는 노력도 하고 있어요.

중국과 일본의 '바둑 스포츠화' 노력에 한국기원도 2001년부터 한목소리를 내기 시작했어요. 바둑을 체육 종목으로 전환시키기 위해 100만인 서명 운동을 벌였고, 노력 끝에 2002년 대한체육회로부터 인정을 받았어요. 2003년에는 전국 체전 시범 종목으로 채택되었답니다. 서울시교육청은 중학 입학 특기자 전형에 바둑을 포함시켰고, 고교 입학 특기자 전형에도 포함할 것이라 예고했어요. 거의 2년 만에 이 일이 모두 진행되었어요. 그런데 2005년 대한체육회가 체육학회의 의견을 들어 한국기원이 가

---

* 2022년 9월 개최 예정이었으나 코로나19 여파로 2023년 9월로 개최가 연기되었다.

맹 단체로 정식 가입하려면 한국기원이라는 이름 대신 '대한바둑협회'라는 이름을 사용해야 한다고 하자 바둑계 내에서 큰 논란이 일어났어요. 한국기원이라는 전통 있는 이름을 버릴 수 없었던 바둑계는 한국기원 내 일부 기능을 분리해 대한바둑협회를 만들었고, 2009년 대한체육회의 최종 승인을 받았어요. 이 과정에서 체육학회는 치열한 논쟁을 벌였어요. 바둑을 스포츠로 볼 수 있느냐에 대한 의견이 내부에서도 분분했거든요. 결론은 바둑을 스포츠로 볼 수 있다는 것이었지만, 신체 활동이 빠진 스포츠가 스포츠인가 하는 원론적인 문제는 그대로 남아 있어요.

바둑을 스포츠로 보는 쪽에서는 스포츠 개념이 시대에 따라 다르고, 두뇌 활동에도 신체 활동 못지않은 스포츠 요소가 있다는 점을 근거로 들었어요. 그렇다면 바둑협회는 왜 그렇게 스포츠로 인정받고 싶어 했을까요? 바둑에 남다른 소질이 있는 어린이, 청소년들이 진학 문제 때문에 바둑을 포기하는 사례가 늘자, 한국기원은 체육 특기자 전형으로 이 문제를 해결하고자 했어요. 또 야구나 축구처럼 기업체나 지방 정부에서 프로 바둑 팀을 만들면 안정적으로 선수를 육성할 수 있어요. 그러면 보다 지속적으로 바둑 수요를 늘려갈 수 있게 되지요. 어린 바둑 기사들이 국위 선양을 하고 병역 혜택도 받을 수 있는 기회가 바로 바둑의 스포츠화에 달려 있었던 거예요. 게다가 중국과 일본이 바둑을 올림픽 종목에 넣고자 열심인 마당에 한국도 가만히 보고만 있을 수는 없었지요.

2022년 항저우 아시안 게임에서는 바둑과 함께 e-스포츠도 정식 종목으로 채택되었어요. 2000년대 초반부터 조직과 체계를 갖춰 온 온라인 게임 영역은 엄청나게 두터운 팬층을 확보하고 있고, 바둑과 달리 관람 문화도 정착되어 있었기에 스포츠의 영역으로 들어오는 게 더 쉬웠지요. 청소년기에 있는 선수들이 특기자 혜택과 병역 혜택을 받고자 하는 바람도 당연히 있었고요. 그런데 문제는 e-스포츠 종목이 고정되어 있지 않고 새로운 게임이 개발될 때마다 변한다는 거예요. 지금 유행하는 게임을 따라갈 수밖에 없는데, 게임마다 소유한 회사가 다르다는 것도 문제지요. 상황이 이렇다 보니 세부 종목을 정하는 것이 쉽지가 않아요. 2022년 항저우 아시안 게임에는 총 7종목*의 e-스포츠가 채택되었는데 어떤 기준으로 선정했는지 명확하지 않아 논란이 되었어요.

올림픽이 시대와 세대의 변화를 받아들이는 것은 자연스러운 노력이에요. 그렇다면 앞으로도 일정 정도 규모가 되고, 경쟁, 승패, 규칙이라는 스포츠 요소가 있다면 어떤 게임, 놀이든 스포츠로 받아들일 수 있는 것일까요? 그 전에 스포츠는 꼭 시대의 흐름

---

* 2022년 항저우 아시안 게임에서 채택된 e-스포츠 종목은 '아레나 오브 발러(아시안 게임 버전)', '도타 2', '몽삼국 2', 'EA 스포츠 피파', '리그 오브 레전드', 'PUBG 모바일(아시안 게임 버전)', '스트리트 파이터 5'다. 시범 종목으로는 'AESF 로봇 마스터즈', 'AESF VR 스포츠'가 각각 채택되었다.

을 반영해야 하는 것일까요? 시장성 즉, 흥행이 스포츠의 가장 중요한 요소가 되어도 괜찮을까요? 스포츠를 생계의 수단이 아니라 즐기기 위한 활동으로 여기는 올림픽 초기의 아마추어 정신을 다시 한번 되새겨 볼 필요가 있는 시점이에요.

+Q e-스포츠의 저작권 문제

e-스포츠와 기성 스포츠의 다른 점은 e-스포츠 종목 자체가 상품이라는 점이에요. 기존 스포츠 종목들은 창시자는 있지만 저작권의 개념이 없기 때문에 언제 어디서든 정해진 규칙만 따르면 누구나 대회를 주관하고 진행할 수 있었지요. 하지만 e-스포츠는 해당 게임을 개발한 회사가 저작권을 가지고 있기 때문에 그것이 불가능해요. e-스포츠가 스포츠 종목으로 자리잡기 위해 이러한 문제를 어떻게 해결할 수 있을지 생각해 보세요.

목 조르기, 레슬링에서는
반칙이지만 유도에서는 기술?

2016년 리우데자네이루 올림픽에서 중국의 양준샤 선수가 조르기 기술을 걸고 있다.

사회 구성원 모두가 법을 지키며 그 안에서 살아가듯 스포츠도 정해진 규칙 안에서 경기를 하고 규칙을 어겼을 때에는 반칙으로 제재를 받게 돼요. 축구 선수는 손으로 골을 넣을 수 없고, 농구 선수는 발로 골을 넣을 수 없어요. 육상, 스케이팅, 수영 같이 개인 기록으로 순위를 결정하는 종목에도 당연히 규칙이 있어요. 다른 선수들보다 먼저 출발하면 안 되지요. 스케이팅에서는 준비 구호가 떨어진 뒤 총성이 울리기 전 정지 자세에서 벗어나면 부정 출발로 반칙이 선언돼요. 첫 번째 부정 출발에서는 한 번 더 기회를 주고, 두 번째 부정 출발을 하면 바로 실격이 되고 말아요.

　육상과 수영은 스케이팅과는 조금 달라요. 첫 번째 부정 출발부터 경고 없이 무조건 실격이거든요. 수영은 입수했던 선수들이 출발대로 돌아오는 데까지 시간이 걸리기에 경기 운영을 고려해야 하고, 육상에서는 부정 출발이 다른 선수들의 컨디션에 큰 영향을 줄 수 있고, 이를 악용한 사례도 있어 아주 엄격하게 적용하고 있어요. 상대방 레인으로 넘어가는 것도 실격이에요. 기록 경기는 종목별로 조금씩 차이는 있지만 모든 선수에게 기회를 공평하게 주고, 공정하게 출발해야 한다는 원칙이 있어요. 이런 원칙이 무너지면 기록 자체가 무의미해져요. 그래서 점점 더 정밀한 센서와 비디오 판독 기술을 도입하여 선수들의 미세한 움직임을 포착해 반칙 판정을 하고 있어요.

　레슬링, 유도, 태권도, 복싱 같은 투기 종목에서는 선수 안전을 위해 규칙이 절대적이에요. 예를 들어 복싱에서는 머리, 팔, 팔꿈치, 다리로 공격하는 게 금지돼 있고, 허리 아래와 뒤통수를 공격하면 안 돼요. 레슬링에서는 팔을 등 뒤로 90도 이상 꺾는다든가 발로 밟거나 차면 반칙이에요. 목을 조르는 것도 반칙이고요. 그런데 유도에서는 조르기가 굳히기 기술 중 하나로 인정되고 있어요. 꺾기도 경기를 승리로 끝낼 수 있는 치명적인 기술이에요.

이러한 차이는 어디에서 오는 것일까요? 아마도 두 종목의 유래에서 비롯되었을 가능성이 커요. 레슬링은 고대부터 전쟁과 생존을 위해 익혀 오던 격투 기술인데, 현대 스포츠로 넘어오면서 선수 안전을 고려하여 조르기나 꺾기와 같은 기술을 금지시켰어요. 유도는 일본 고대 무술인 유술을 현대화한 스포츠로 상대에게 항복을 받아내 승자와 패자를 명확히 결정하는 데 목적이 있어요.

선수를 보호하고 모두에게 공정하고 공평한 규칙을 적용하기 위해 금지 규정은 엄격하게 지켜져야 해요. 그런데 경기에서 이기기 위해 작전상 반칙을 하는 경우도 있어요. 농구, 축구와 같은 구기 종목에서 수비가 뚫렸을 때 상대의 옷이나 몸을 잡아당기며 파울을 하는 장면을 본 적이 있을 거예요. 공격 흐름을 끊기 위해 일부러 하는 반칙이지요. 스포츠맨십sportsmanship*에 어긋난다는 의견

---

* 스포츠맨의 이상상을 기술한 윤리 강령이며, 아마추어 스포츠맨이 명심해야 할 경기 정신을 뜻한다. 스포츠맨십의 내용으로 감정의 억제, 상대에 대한 인간적인 동정심, 계책을 부리지 않는 인간미, 페어플레이 등을 들 수 있다.

도 있으나 최근에는 자연스러운 경기 과정으로 보는 시각이 보편화되었어요.

  경기 규칙에는 하지 말아야 할 것을 정한 금지 규정이 대부분이지만 경기의 재미를 위해서 추가하거나 변경하는 사례도 있어요. 특히 올림픽이나 월드컵 같은 대형 스포츠 행사는 경기장에서 직접 관람하는 사람들보다 텔레비전으로 시청하는 사람들 숫자가 훨씬 많기 때문에 시각적인 요소에 대한 고민이 깊어질 수밖에 없어요. 건축, 조경 같은 경기장 외관뿐 아니라 선수들이 입는 유니폼도 그 대상이지요. 예전에는 유도 경기에서 양 선수 모두 흰색 유도복을 입고 띠 색깔만 다르게 했는데, 90년대 후반부터 청색과 흰색으로 도복 색깔을 구분하면서 시각적인 효과를 높였어요. 레슬링, 태권도 경기장의 매트 색깔도 노란색, 빨간색, 파란색 등으로 변화를 주어 시각적인 효과를 높이고 있어요. 태권도 경기장은 2012년 런던 올림픽부터 가로세로 12미터였던 규격을 가로세로 8미터로 줄였는데, 보다 공격적이고 화끈한 경기를 유도하기 위해서였어요. 경기 시간도 규칙 변화의 중요한 변수예요. 배드민턴, 탁구, 배구의 경우 대부분의 공식 경기에서 서브권*이 사라졌는데, 그 이유 중 하나가 경기 시간이 길어지면 관중들이 지루해하기 때문이에요.

---

* 공격하는 쪽이 상대편 코트에 공을 쳐 넣는, '서브'를 할 수 있는 권리. 예전에는 서브권을 가졌을 때만 득점할 수 있었다.

지금까지 살펴본 것처럼 스포츠 종목의 각 경기 규정은 그 종목이 갖는 역사적 유래를 존중하면서도 선수의 안전을 지키고 경기의 재미를 더하기 위해 다양한 변화를 시도하고 있어요.

+Q 공정성과 스포츠 규정

스포츠 경기를 관람하거나 직접 즐기면서 공정하지 못한 규정이나 위험한 반칙 때문에 불편했던 기억이 있나요? 어떤 금지 규정을 추가로 넣으면 그런 문제가 해결될 수 있을지 생각해 봅시다.

'데드볼', '몸에 맞은 공', '히트 바이 피치트 볼' 어떤 용어가 맞을까?

야구에서, 투수가 던진 공이 타자의 몸에 스치거나 맞는 것을 데드볼, 사구, 히트 바이 피치트 볼, 몸에 맞은 공 등으로 부른다.

우리가 사용하는 스포츠 용어는 대부분 외래어예요. 특히 일제 강점기를 거치며 일본식 영어 발음이나, 신조어가 그대로 정착한 경우가 많아요. 야구 종목에 유독 그런 표현이 많은데, 일본이 자기들 식으로 번역해서 사용한 야구 용어를 우리가 그대로 사용했기 때문이에요. 예를 들면 포볼four ball, 데드볼dead ball, 직구, 방어율 같은 표현은 야구 종주국으로 알려져 있는 미국에서는 볼 수 없는 것들이에요. 워낙 오랜 기간 익숙하게 사용하다 보니 별다른 문제를 느끼지 못하는 사람들이 많지만 이런 단어들은 모두 일본식 표현인 것이지요. 그래서 최근에는 일본식 표현을 미국식 또는 우리식 표현으로 바꾸거나 영어와 우리말을 혼용하여 사용하는 경우가 늘고 있어요. 포볼을 '볼넷'으로, 데드볼을 '몸에 맞은 공'으로 부르는 식이지요. 본래 영어로는 '베이스 온 볼스base on balls'와 '히트 바이 피치트 볼hit by pitched ball'이에요. 이런 표현을 쓰는 해설자들도 있지만 용어가 길다 보니 짧게 포볼이라 하는 거지요. 그런 표현들이 야구 중계 시청자들을 더 쉽게 이해시킬 수 있다고 생각하는 것 같아요.

'직구' 역시 일본식 표현을 그대로 번역한 거예요. 일본에서는 시속 150킬로미터 안팎의 빠른 공을 스트레이트 볼straight ball이라고 하는데, 그걸 직역한 것이 직구인 것이지요. '빠른' 것과 '곧은' 것은 엄연히 뜻이 다르니 '직구' 대신 '속구'라는 표현을 쓰는 것이 더 적합해요. '방어율'은 '투수가 방어한 비율'이라는 뜻인데, 방어율이 높을수록 그 투수가 우수한 선수라고 생각할 수 있기 때문에 오해를 불러일킬 수 있는 표현이에요. '방어율'의 정확한 개념은 '투수가 한 경기(9이닝)당 내준 평균 자책점(투수가 책임져야 하는 실점)'이에요. 따라서 '평균 자책점'이 정확한 표현이지요.

축구의 헤딩이라는 용어도 잘못된 일본식 표현이에요. '헤더header'가 맞는 표현이고, 센터링과 핸들링 파울도 '크로스cross'와 '핸드볼handball' 파울이라고 해야 합니다. 무비판적으로 받아들이고 반성 없이 사용해 온 일본식 표현들을 이제라도 정확한 표현으로 바꾸어 사용해야 해요. 세계 어느 나라를 가도 우리와 똑같은 태권도 용어를 사용하듯, 경기마다 국제적으로 통용되는 올바른 용어가 있어요. 처음에는 어색하고 불편하겠지만, 이제라도 잘못 사용하고 있는 표현들을 바로잡으려 노력해야 해요.

한편, 북한에서는 스포츠 용어를 어떻게 사용하고 있을까요? 북한의 스포츠 용어는 대부분이 한글이에요. 축구에서는 우리에게도 많이 알려진 표현들이 있지요. 경기 시작을 알리는 킥오프kickoff는 첫차기, 코너킥corner kick은 구석차기, 패스pass는 연락, 골키퍼goalkeeper는 문지기, 골포스트goal post는 축구문, 슛shoot은 차넣기 또는 차기, 페널티 킥penalty kick은 11미터벌차기, 오프사이드offside는 공격어김, 드리블dribble은 돌입, 핸드볼은 손다치기, 스로인throw-in은 던져넣기라고 하지요. 처음 들었을 때는 어색하고 낯설지만 자주 듣다 보면 익숙해질 수도 있겠다는 생각이 들어요. 그런데 골만은 북한도 골이라고 한답니다.

북한은 소프트볼 관련 용어들도 모두 우리말로 바꾸어 놓았는데, 스트라이크strike는 정확한공, 볼ball은 부정확한공, 아웃out은 실격, 도루는 홈침, 번트bunt는 살짝치기라 해요. 농구도 마찬가지인데, 슛은 던져넣기, 자유투는 벌넣기, 센터center는 중앙공격수, 3점슛은 장거리넣기, 어시스트assist는 득점연락, 더블 드리블double dribble은 몰기실수라 해요. 배구에서 네트net는 배구그물, 탁구에서 라켓racket은 판때기, 아이스하키는 빙상호케이, 스피드 스케이팅은 속도빙상으로 표현하는데, 스키와 스케이트는 그대로 사용한다고 해요. 우리말을 이용한 표현이 정감 있게 느껴지기도 하고, 한편으로는 어색하게 느껴지기도 하네요.

+Q 스포츠 용어 순화

외국어 스포츠 용어를 그대로 사용하는 것과 우리식으로 바꾸어 사용하는 것, 혹은 우리말과 외국어를 혼합해서 사용하는 것 중에서 어떤 방법이 가장 좋다고 생각하나요? 스포츠 경기에서 사용하는 용어 중 바꾸었으면 좋겠다고 생각하는 것이 있다면, 그 이유와 바꿀 말을 찾아봅시다.

심판이 없는 스포츠 경기가 있다고?

스코틀랜드에는 '그 사람의 됨됨이는 18홀(일반적인 골프 코스 단위)이면 충분히 알 수 있다.'는 속담이 있다.

인천에 있는 제물포 고등학교는 60년 넘게 무감독 시험을 실시하는 학교로 유명합니다. 학생들은 중간·기말고사가 시작되면 양심 선서를 하고 감독 교사 없이 시험을 치른다고 해요. 무감독 시험이 가능하려면 어떤 전제가 필요할까요? 바로 시험에 참가하는 모두가 양심에 따라 자신과 타인을 속이지 않겠다는 마음을 가지고 있어야겠지요. 제물포 고등학교 학생들은 무감독 시험을 치르며 성적이나 등수보다 더 중요한 가치가 있음을 경험했다고 해요. 무감독 시험은 이미 여러 학교에서 실시하고 있어요. 그렇지만 오랜 시간 그 제도를 이어 오는 학교는 많지 않아요. 그만큼 위험 부담이 큰 것이 사실이니까요. 그럼에도 집단 구성원 모두가 그 과정과 결과를 신뢰할 수 있다면 그것은 분명 교육적으로 긍정적인 모습이고 우리 사회의 신뢰 수준을 높이는 데 기여할 것이라고 생각해요.

무감독 시험처럼 스포츠에도 심판이 없는 종목이 있어요. 바로 신사의 스포츠라고 불리는 골프예요. 골프는 4명이 한 조가 되어 플레이를 하고, 자신의 점수를 기록지에 적어서 경기가 끝나고 나면 제출하는 것으로 진행돼요. 누가 파울을 했는지, 몇 점인지, 승패를 결정하는 사람이 따로 없어요. 경기 진행을 돕는 진행 요원만 있을 뿐이에요. 심판의 역할을 굳이 찾는다면 관중(갤러리)이나 텔레비전 시청자가 담당한다고 할 수 있어요. 관중이나 시청자의 제보로 인해 판정이 바뀌거나 벌타를 받은 사건이 종종 있기는 해요. 그렇지만 그 누구보다 골프 경기에서 가장 중요한 심판은 선수 자신이에요. 양심을 속이지 않고 자신의 실력을 정정당당하게 드러내 보이는 자세야말로 골프 선수들이 기본적으로 가져야 할 태도라고 할 수 있어요.

최근 한 골프 선수가 경기 중간에 자신의 공이 아닌 다른 공으로 플레이를 했다가 나중에 발각되어 큰 문제가 된 적이 있어요. 자신이 친 공을 찾는 도중 누군가 잃어버린 공을 자신의 공으로 착각해서 경기를 이어 간 거예요. 골프 경기를 하는 코스는 18홀 기준 약 30만 평(99만 제곱미터)으로 잠실 야구장(약 8천 평)의 37배에 달한다고 해요. 어마어마하게 넓다 보니 다른 사람이 잃어버린 공을 자신의 공으로 착각하는 실수는 누구나 할 수 있어요. 하지만 공을 집어 들었을 때 자신의 공이 아니라는 사실을 알았음에도 모른 척 계속 경기를 이어 나간 것이 문제였어요. 자기 공이 아닌 다른 공을 쳤을 때 정직하게 시인했다면 2개의 벌타를 받는 것으로 끝났을 텐데, 출장 정지 3년이라는 중징계를 받게 된 거지요.

골프는 매너를 굉장히 중요하게 생각하는 스포츠예요. 매너로 시작해서 매너로 끝난다는 말까지 있을 정도지요. 물론 다른 스포츠도 매너가 중요해요. 그런데 매너에 대한 선수들의 태도를 강제하기 어려운 경우가 종종 있어요. 예를 들면 농구나 축구에서 상대가 나로 인해 넘어지거나 다치면 먼저 손을 내밀어 일으켜 세우는 게 좋은 매너예요. 하지만 경기가 격해졌을 때 이런 행동을 하지 않았다고 해서 문제 삼지는 않아요. 선수들도 기분이 좀 나쁠 수는 있지만 흔히 있을 수 있는 일이라고 생각해요. 하지만 골프에는 티잉teeing 구역*에 있는 선수가 샷을 하기 전까지 주위에서 어떤 소음도 내서는 안된다는 불문율이 있어요. 이것은 지켜도 되고 안 지켜도 되는 것이 아니라 반드시 지켜야 하는 매너이자 규칙이에요. 실제 골프 규칙에도 선수에 방해가 되지 않도록 해야 한다고 되어 있어요. 또 정직하고 신속하게 플레이하며, 타인의 안전을 살피고, 샷을 하며 떨어져 나간 잔디 조각이나 벙커(골프장의 코스 중, 모래가 들어 있는 우묵한 곳)를 정리하여 코스에 불필요한 손상을 입히지 않아야 한다는 규칙이 있어요. 모두 나를 포함해 다른 사람을 위한 배려라고 볼 수 있지요. 그렇다고 해서 다른 스포츠처럼 규칙을 어겼을 때 가해지는 제재가 구체적이지는 않아요. 골프 경기의 규칙은 결국 내가 상대를 존중함으로써 나도 존중을 받는다는 선수들 간의 무언의 약속 같은 것이라고 할 수 있어요.

골프가 매너를 강조하게 된 것은 골프의 역사와도 관련이 있어요. 현재와 같은 골프 경기는 16세기 스코틀랜드에서 시작되었다고 알려져 있는데, 당시에는 왕과 귀족, 부유층에서 즐기던 스포츠였어요. 상류층에서 자신들이 즐기는 스포츠를 차별화하는 방

---

* 골프장에서 공을 치는 위치를 '티tee'라 하고, 티 샷tee shot을 치는 곳을 '티잉 구역'이라고 한다.

법으로 드레스 코드를 엄격하게 적용하는 등 에티켓과 매너를 강조했던 것이 지금까지 이어져 온 거예요. 그렇기에 예전에는 '귀족 스포츠'라는 이미지가 강했어요. 최근에는 골프를 즐기는 사람들이 정말 많아졌지만요. 골프장도 많아지고 실내에서 하는 스크린 골프도 활성화되면서 대중 스포츠로 발돋움하고 있어요. 그런데 골프 인구가 늘어나면서 비매너로 인한 문제도 증가하고 있다고 해요. 심판이 없는 스포츠인 만큼 골프를 제대로 즐기려면 규칙과 매너에 대한 공부가 필수겠지요. 모르는 게 죄는 아니지만 매너 없는 골퍼는 어디에서도 환영받지 못할 테니까요.

+Q 스포츠와 관중 매너

스포츠 매너는 오랜 관습에서 비롯된 고유한 규칙이자 문화예요. 하지만 스포츠 종목마다 강조하는 매너가 조금씩 다를 수 있어요. 골프는 조용한 관람이 매너지만 농구 경기에서는 자유투를 할 때 상대 팀 선수의 집중력을 흐트러트리려고 관객들이 야유를 보내는 모습을 쉽게 볼 수 있어요. 배려 없이 승부에만 집착하는 것처럼 보이기도 하지만, 홈/원정 팀이 나뉘어 있는 스포츠의 재미 요소라고 생각할 수도 있지요.

스포츠 종목에 따라 강조하는 매너를 조사하여 서로 비교해 봅시다. 또 종목에 관계 없이 반드시 지켜야 할 매너에는 무엇이 있을지 꼽아 봅시다.

2부

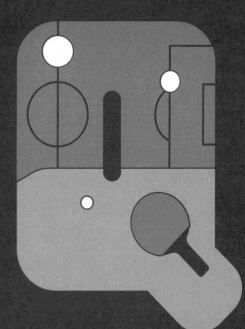

당당하고
공정하게,
스포츠 정신

 **신체 조건이 다른 선수들 간의 경기를 공정하다고 할 수 있을까?**

대한민국 남자 높이뛰기 최고 기록 보유자인 우상혁 선수.
2020년 도쿄 올림픽에서 4위를 차지하며 한국 육상의 역사를 새로 썼다.

올림픽 경기는 모두 공정할까요? 종목마다 규칙이 있고, 심판이 있으니 공정하다고 할 수 있겠지요. 그래서 경기가 끝나면 순위가 정해지고 금·은·동 메달이 결정되지요. 그런데 이런 가정을 해 봅시다. 만약 몸무게가 100킬로그램인 선수와 60킬로그램인 선수가 레슬링 경기를 한다면 공정한 시합일까요? 그래서 레슬링 경기는 체급 차이를 두고 경기를 따로 하잖아요, 하는 대답이 들리는 것 같네요. 맞아요. 신체 조건을 고려해 체급이 생긴 거예요. 그런데 1896년에 개최된 제1회 아테네 올림픽에서는 레슬링과 역도 경기에 체급이 없었어요. 기량보다는 덩치와 힘에서 경기 결과가 좌우되었기 때문에 당시 선수들 사이에 불만이 많았어요. 이런 문제로 1900년 파리 올림픽에서는 레슬링과 역도가 종목에서 빠졌어요. 레슬링은 그 다음 대회인 1904년 세인트루이스 올림픽 때 7개의 체급으로 나뉘어 다시 올림픽에 포함되었어요. 이때 함께 정식 종목이 된 복싱도 레슬링과 같은 7체급으로 나뉘어 있었어요. 역도는 1920년 앤트워프 올림픽부터 체급별 경기를 시작했어요.

이런 과정을 거치며 사람들은 공정하다는 게 무엇일지 깊이 생각하게 되었어요. 경기에 참가하는 선수들이 같은 신체 조건으로 승부를 겨루면 흔쾌히 승복할 수 있지 않을까? 정확한 규칙을 세우고 심판이 규칙에 따라 경기를 운영하면 공정한 경기가 되지 않을까? 생각한 거지요. 한편 시대가 바뀌고 인식이 바뀌며 예전에는 공정하다 생각했던 것들이 공정하지 않게 여겨지는 경우도 생겨났어요. 어떤 경우가 있을까요?

우리나라 프로 씨름 경기는 백두, 한라, 금강, 태백 4개 체급으로 나누어 체급별 우승자를 정한 뒤, 마지막에 모든 체급 선수를 통합하여 천하장사 결정전을 열어요. 체급을 막론한 씨름 최강자를 가리는 거예요. 가장 무거운 체급인 백두급에서 천하장사가 가장 많이 나오지만, 그 아래 한라급에서 천하장사가 나온 적도 있어요.* 이러한 경기 방식은 올림픽 유도에도 있었어요. 1984년 로스앤젤레스 올림픽까지 유도는 체급별 경기를 한 뒤 체급과 관계없는 무제한급 경기를 진행했어요. 1976년 몬트리올 올림픽에 참가한 우리나라 조재기 선수는 자신의 원래 체급인 하프헤비급(80~93킬로그램)에서는 메달 획득에 실패했지만 무제한급 경기에 나가 동메달을 획득했어요. 무제한급 메달은 한국인으로서는 최초였지요. 무제한급 경기는 1988년 서울 올림픽부터 사라졌어요.

육상 경기 종목 가운데 높이뛰기는 선수들이 특정한 높이의 바bar를 뛰어 넘어야 하는 종목이에요. 예전에는 각자 편한 자세로 바를 뛰어넘었지만 요즘은 몸을 뒤로 눕혀서 뛰는 포스베리Fosbury 뛰기 방식**이 보편화되었어요.

---

* 1983년 제11회 천하장사 결정전에서 한라급으로 출전한 이만기 선수가 천하장사에 등극했다.
** 1968년 멕시코시티 올림픽에서 딕 포스베리 선수가 처음 선보인 방식이다. 그는 이 방식으로 2미터 24센티미터의 올림픽 신기록을 세우며 금메달을 차지했다. 우리말로는 '배면 뛰기'라고 부른다.

높이뛰기에는 선수들 신체 조건에 따른 체급 구분이 없어요. 그래서 키가 작은 선수들은 아예 도전할 생각을 하지 못하지요. 키가 160센티미터인 선수와 190센티미터인 선수가 2미터 10센티미터의 바를 넘어야 한다고 가정할 때 누가 더 높게 잘 뛸 수 있을까요? 높이뛰기가 더 공정해지려면 체급 경기처럼 키를 기준으로 선수를 나누어서 경기해야 하지 않을까요?

4년마다 개최되는 올림픽을 흔히들 '꿈의 제전'이라고 부릅니다. 올림픽에 나서는 선수들은 출전하는 종목에서 세계 최고의 자리에 오르기 위해 4년 동안 열심히 준비해요. 인간 한계에 도전하며 '최고'라는 명예를 얻기 위해 땀 흘렸던 모든 순간을 소중히 여기지요. 이게 진짜 스포츠의 매력이에요.

레슬링이나 복싱, 유도, 태권도 경기에서는 단 한 명의 우승자를 가려내지 않고 체급을 나눠 비슷한 조건의 사람들끼리 경쟁하게 하고 있어요. 똑같은 관점에서 볼 때 높이뛰기 경기에서 키를 구분하여 경기를 진행한다면, 더 많은 선수들이 경기에 참가하고 성취감을 느끼게 될 수 있지 않을까요? 체급별 경기가 공정한 경기에 이바지한 것처럼 높이뛰기에도 그런 과정이 적용될 수 있을지 함께 고민해 보면 좋을 것 같아요.

+Q 스포츠와 능력주의

개인의 능력에 따라 사회적 지위나 권력이 주어지는 것을 긍정하는 정치 철학을 '능력주의'라고 해요. 능력주의 옹호론자들은 공정한 조건에서 경쟁한다면 경쟁에서 비롯된 불평등은 정당하다고 말해요. 사람들은 스포츠가 동일한 조건에서 개인의 능력을 공정하게 평가한다고 생각하고요.

실력이 뛰어난 유명 스포츠 선수는 어마어마한 연봉을 받아요. 그런데 그 선수가 지닌 재능은 정말 스스로의 노력만으로 갖게 된 것일까요? 특별한 재능을 타고나는 것은 복권에 당첨된 것과 같은 행운의 결과 아닐까요? 뛰어난 재능을 가진 선수가 전 세계적으로 인기가 있는 야구나 축구 같은 종목이 아니라 아니라 역도나 투포환 같은 비인기 종목을 하고 있다면 같은 보상을 받을 수 있을까요? 비인기 종목에 뛰어난 재능이 있는 선수가 보상을 적게 받는 것은 그가 노력하지 않았기 때문은 아닐 거예요. 능력과 노력에 따라 평가를 받는 것이 공정한지, 공정함이 정말 정의로운 것인지 이야기를 나눠 봅시다.

'도핑 파문'을 일으킨 러시아올림픽위원회의 카밀라 발리예바 선수가 2022년 베이징 동계 올림픽 피겨 스케이팅 여자 싱글 프리 부문 연기를 마치고 눈물을 흘리고 있다.

2022년 베이징 동계 올림픽은 동북 공정, 편파 판정, 도핑^{doping} 파문 등 말도 많고 탈도 많은 대회였어요. 특히 러시아 소속 피겨 스케이팅 선수 카밀라 발리예바 선수의 도핑 논란은 많은 이들에게 충격을 안겨 주었어요. 당시 발리예바가 한국 나이로 만 15세밖에 되지 않았었거든요.

도핑은 선수들이 경기력을 높이기 위해 금지 약물을 몸 안에 투여하는 것을 말해요. 고대 그리스 올림픽부터 경기를 잘하기 위해 곰팡이가 핀 무화과를 먹거나, 환각 성분이 있는 버섯을 먹었다고 해요. 그러나 그때는 이걸 불법이라 생각하지 않았어요.[1] 근대 올림픽이 탄생하고 국가 간 또는 개인 간의 경쟁이 치열해지자 승리에 대한 욕구가 더 커졌고, 좀 더 효과적인 방법은 없을까 연구하면서 약물 개발이 시작되었어요. 특히 문제가 되었던 아나볼릭 스테로이드^{Anabolic Steroid}는 남성 호르몬의 일종인데, 이것을 몸에 주입하면 근육이 증대되고 운동 능력이 향상되는 효과가 있어요. 처음 이 물질은 1930년 말 성 기능 이상 환자를 치료할 목적으로 개발되었어요. 모든 약물에는 부작용이 있기 마련인데, 그 부작용이 운동 능력을 높이는 결과를 가져온 거예요. 약물을 복용했을 때와 하지 않았을 때 경기 결과에 큰 차이가 있다는 게 사실로 밝혀지자 1974년 국제올림픽위원회는 이 약물을 금지시켰어요.

1968년 멕시코시티 올림픽에서 동독은 슈타지^{Stasi}라는 정보기관을 이용해 약물 프로그램을 조직적으로 운영했어요. 여러 의학자, 과학자를 동원해 아나볼릭 스테로이드를 비롯한 여러 약물을 개발하여 선수들에게 투여한 것이지요. 공산 진영과 자본 진영이 자존심 싸움을 벌이던 냉전 시대였기에 약물을 이용해서라도 공산 진영 체제의 우월성을 과시하고자 했던 거예요. 그 결과 전체 순위에서 자유 진영인 서독은 금메달 5개로 8위를, 공산 진영인 동독은 금메달 9개로 5위를 차지했어요.[2] 하지만 1위는 금메달 45개를 차지한 자유 진영의 미국이었어요. 그런데 당시 미국 육상 선수의 1/3이 아나볼릭 스테로이드를 사용했다고 해요.[3]

1988년 서울 올림픽 육상에서 가장 주목받았던 선수는 미국의 칼 루이스였어요. 올림픽을 앞두고 그가 세운 기록들이 단연 최고였거든요. 그런데 육상 100미터 결승전에서 예상을 깨고 캐나다의 벤 존슨 선수가 세계 신기록을 세우며 우승했어요. 경기 후 도핑 검사를 해 보니 벤 존슨 선수의 몸에서 아나볼릭 스테로이드의 일종인 '스타노조롤Stanozolol'이라는 약물이 검출되었어요. 국제올림픽위원회는 즉시 벤 존슨의 금메달을 박탈하고 2년간 선수 자격을 정지시켰어요. 금메달은 칼 루이스에게 돌아갔지요. 이 사건은 전 세계에 도핑의 경각심을 심어 주었을 뿐만 아니라 금지 약물을 사용하면 메달이 박탈되는 불명예를 얻게 된다는 사실도 알려 주었어요.

1994년 히로시마 아시안 게임에서는 중국 선수 11명이 금지 약물을 복용한 것이 적발되어 금메달 15개의 주인이 바뀌었어요. 그 결과 우리나라가 종합 순위 2위에서 3위로 밀려나고 일본이 3위에서 2위로 올라서게 되는데, 당시는 종합 순위를 매우 중요하게 여길 때라 대한체육회에서 아시아올림픽평의회Olympic Council of Asia, OCA에 도핑 검사 과정에 문제를 제기했어요. 물론 이의 신청은 받아들여지지 않았지요.

1999년 말 출범한 세계반도핑기구World Anti Doping Agency, WADA는 매해 새로운 금지 약물을 정하고 각국에 선수들을 교육할 자료를 만들어 배포하고 있어요. 우리나라도 2006년 한국도핑방지위원회Korea Anti Doping Agency, KADA를 설립하고 세계반도핑기구의 규정을 따르고 있어요. 2014년에는 배드민턴 이용대 선수가 수시로 진행되는 도핑 검사를 받지 않아서 논란이 되었고, 2015년에 수영 박태환 선수도 금지 약물 사용이 인정돼 1년 6개월 자격 정지 징계를 받았어요. 세계반도핑기구의 규정은 더욱 강화되어 검사 대상이 모든 선수로 바뀌었고, 검사 시기도 경기 기간 외와 경기 기간 중으로 구분해서 실시하고 있어요. 검사 결과 금지 약물 복용이 드러나면 4년의 자격 정지 징계가 내려지기 때문에 다음 올림픽에는 참가하기가 어려워요.

도핑 규제가 강화될수록 검사를 피하기 위한 약물 개발 또한 발전하기에 둘 사이의 숨바꼭질이 계속되고 있어요. 금지 약물인지 모르고 복용했다가 억울하게 적발된 사례도 있지만, 검사를 피하기 위해 약물 투여 시간을 조절하는 등 수법이 날로 새로워지는 것은 정말 문제예요. 도핑을 피하는 수법이 아무리 발전해도 세계 반도핑기구의 끈질긴 추적을 피할 수 없다는 걸 알려 준 사례도 있어요. 2012년 런던 올림픽 역도 경기에서 8위를 차지한 우리나라 김민재 선수가 7년이 지난 2019년, 1위부터 7위 선수 중 6명이 도핑에 적발되며 은메달을 획득하는 일이 있었거든요.

2014년에는 러시아에서 국가 주도로 선수들에게 반강제적인 약물 투여를 한 사건이 있었어요. 심지어 어린 선수들에게 약물 사용법까지 알려 주며 권장했다고 해요. 그래서 2016년 리우 올림픽에 러시아가 참가하지 못하게 해야 한다는 여론이 높았어요. 워낙 큰 사안이라 국제올림픽위원회에서는 종목별로 알아서 결정하라는 식으로 결정을 유보했어요. 그러다 다시 금지 약물 검사가 조작됐다는 결과가 드러나자 국제올림픽위원회는 러시아의 국제 스포츠 대회 참가를 4년간 금지시켜요. 금지 약물을 사용하지 않은 선수들에게는 2020년 도쿄 올림픽 참가 자격이 주어졌는데, 대신 러시아 국호나 국기를 사용하지 않고 러시아올림픽위원회 Russian Olympic Committee, ROC 소속 개인 선수 자격으로 참가해야 했어요.

과거 동독이나 최근 러시아의 사례는 도핑 결정권을 타인이 갖고 있다는 점에서 약물 사용을 줄일 수 있는 여지가 있지만, 정작 선수 자신이 도핑을 결정하는 경우에는 약물 문제를 낙관할 수 없게 돼요. 올림픽을 포함한 국제 스포츠가 갈수록 성적 지상주의에 빠져들고 있는 현실에서 과학과 의학이라는 보조 수단의 유혹을 외면하기가 쉬운 일은 아니에요. 실례로 세계반도핑기구의 금지 약물 목록에 없는 새로운 약물을 사용해서 경기 결과에 이득을 본 경우, 뒤늦게 금지 약물로 지정되더라도 처벌받지 않아요. 규제는 항상 뒤쫓아 갈 수밖에 없는 한계가 있어요. 계속 발전하는 과학과 의학 기술에 국제올림픽위원회나 세계반도핑기구 같은 도핑 검사 기구가 얼마나 잘 대응할 수 있을까요? 의심의 시선은 계속 줄다리기처럼 이어질 수밖에 없을 거예요.

+Q 운동 능력 향상을 위한 노력과 도핑의 경계

많은 사람들이 도핑을 불공정하다고 이야기하며 분노해요. 그런데 현대 스포츠에서는 고가의 첨단 장비와 과학적이고 체계적인 훈련 없이 좋은 성적을 내기가 어려워요. 경제적 지원이 좋은 성적을 내는 데 큰 비중을 차지하는 거지요. 경제적으로 부강한 나라의 선수들만 접근 가능한 훈련 방식들로 운동 능력을 높이는 것에 대해 어떻게 생각하나요? 정당한 운동 능력 향상 방법과 부정한 도핑의 경계는 어떻게 나눌 수 있을까요?

Q13 전신 수영복은 왜 수영 대회에서 퇴출당했을까?

제1회 아테네 올림픽에서 수영 2관왕에 오른 헝가리의 허요시 알프레드 선수.
위팔부터 허벅지까지 달라붙는 수영복을 입고 경기에 나섰다.

'기술 도핑'이라는 말을 들어 보았나요? 몸 안에 투여하는 약물 말고 유니폼이나 운동화 같은 제품에 첨단 과학 기술을 적용해 기록을 높이는 경우가 있어요. 이를 기술 도핑이라고 해요. 운동 장비 성능이 좋아진 건 비판할 일이 아니지만 여기에 도핑이라는 부정적인 단어가 붙게 된 건 그 혜택이 일부 선수들에게만 돌아가기 때문이에요.

2020년 도쿄 올림픽 육상 종목에서 특정 회사의 스파이크를 신은 선수들이 좋은 기록으로 입상하자 논란이 됐어요. 그 스파이크의 밑창과 깔창 사이에는 탄소 섬유판이 들어 있는데, 이것이 스프링 같은 역할을 해서 발을 딛는 순간 힘이 최대로 전달된다고 해요. 그래서 0.01초를 다투는 육상 경기에서 이 스파이크를 신은 선수들이 기록을 단축할 수 있었던 거지요.

이 기술과 관련해서 2019년 10월에 흥미로운 실험이 있었어요. 케냐의 마라톤 선수 엘리우드 킵초게가 탄소 섬유판 기술을 적용한 스파이크를 신고 경기에 나가 2시간대의 벽을 깨고 1시간 59분 40초로 신기록 세웠어요. 물론 정식 경기가 아닌 실험을 위한 경기였기에 공식 기록으로 인정되지는 않았어요. 논란이 계속되자 국제육상연맹International Association of Athletics Federations, IAAF은 신발 깔창의 두께를 800미터 이하 종목에서는 20밀리미터 이하로, 800미터 이상 종목에서는 25밀리미터 이하로 하고, 탄소 섬유판은 1장으로 제한하는 규정을 만들었어요. 그런데 2022년 도쿄 올림픽을 앞두고 깔창 두께를 규정보다 0.5밀리미터 얇게 제작한 제품이 출시되어 규제를 피해 갔어요. 또 다른 새로운 기술을 적용했다는 문제가 제기되었지요. 신발을 비롯해 어떤 브랜드의 유니폼과 장비를 사용하는가에 따라 기록이 달라진다면 이건 쉽게 지나칠 수 없는 문제예요.

수영 종목에서도 비슷한 논란이 있었어요. 2000년 초에 한 업체에서 전신 수영복을 개발했는데, 처음에는 별 문제가 안 됐어요. 그런데 이 수영복은 물에 젖지 않는 소재에다, 물고기 비늘처럼 생긴 아주 작은 장치들이 물의 저항을 줄여 주어 기록 단축에 도움을 주었어요. 이 수영복을 입은 선수들이 자주 세계 기록을 세우며 우승을 했고, 2009년 세계 수영 선수권 대회에서는 무려 43개의 세계 신기록이 쏟아져 나왔어요. 몇몇 특정 업체에서 제품 생산을 독점하다 보니 다른 경쟁 업체들의 반발이 심해졌지요. 그러자 국제수영연맹Fédération Internationale de Natation, FINA은 2010년부터 전신 수영복을 입지 못하게 했어요. 단순히 경기 기록적 측면도 있었지만, 경기를 보는 일반 관람객들의 시각에서 봤을 때도 보기 좋은 유니폼이 아니라는 지적이 있었다고 해요. 수영은 물에 대응하는 신체 능력만으로 승부를 내는 것이 맞다며, 남자는 허리에서 무릎 위까지 여자는 어깨에서 무릎 위까지로 복장 제한을 두었답니다.

기술 도핑 논란은 속도와 관련된 육상, 수영 같은 종목들에만 국한되지 않아요. 골프에서도 한때 비슷한 논란이 있었어요. 골프 퍼팅putting*을 할 때 정확성을 높이기 위해서 롱 퍼터long putter를 가슴이나 배에 고정하여 지지한 채 시계추처럼 치는 장면들이 간혹 나왔는데, 이 방법을 사용하는 선수들이 좋은 성적을 이어가자 2016년부터 규정을 바꿨어요. 퍼팅 시에 그립 부분이 신체에 닿으면 안 된다는 앵커링anchoring 금지 규정을 만든 거예요. 이처럼 첨단 기술의 적용과 장비의 진화에 따른 공정성 논란은 다양한 종목에서 나타나고 있어요.

양궁에 사용되는 활과 화살에 관한 규정도 있을까요? 좋은 장비를 사용하면 활을 더 잘 쏠 수 있지 않을까요? 그런데 양궁에는 활과 화살의 재질이나 크기, 무게 등에 관한 규정이 없어요. 자기 신체와 근력에 맞게 활의 길이를 정하고, 활의 크기와 길이에 따라 화살을 정하면 돼요. 활은 주로 카본carbon 소재**로 제작되고, 화살은 올림픽이나 국제 대회에서 우리나라 양궁 선수들의 성적이 높기 때문에 외국 선수들도 우리나라 제품을 많이 사용한다고 해요. 언젠가 새로운 첨단 재질의 화살이 개발되어 경기 기록에 영향을 미친다면, 기술 도핑 논란을 겪게 되겠지요.

---

* 골프에서, 그린 위에서 홀을 향하여 공을 치는 것을 말한다. 그때 사용하는 골프채가 퍼터다.
** 무게가 매우 가볍고 탄성이 강한 신소재로, 내구성이 좋아 다양한 운동 장비에 사용된다.

과학 기술 발전에 힘입어 경기력을 향상시키는 '기술 도핑' 논란이 어떤 종목에는 적용되고 어떤 종목에는 적용되지 않는 것은 공정의 기준이 어디에 있는가에 따라 달라지기 때문이에요. 스포츠 장비 기술의 공정성은 어떻게 자리잡을 수 있을까요? 과학 기술 발전을 이용해 인간의 한계를 극복하려는 노력도 스포츠다운 걸까요? 아니면 오로지 인간이 가지고 있는 순수한 능력과 노력만으로 경기력을 향상시키는 것이 스포츠다운 걸까요?

+Q 기술 도핑의 기준

태어날 때부터 양쪽 다리가 짧았던 블레이크 리퍼는 의족을 달고 장애인 육상 대회에 참가해 왔어요. 그는 장애를 가지고 있지만 일반 올림픽에 참가하고 싶어 세계육상연맹에 2020년 도쿄 올림픽 참가 신청서를 냈어요. 하지만 연맹은 의족이 경기력에 영향을 줄 수 있다며 참가를 불허했지요. 장애를 가진 선수들이 기술력의 도움을 받아 일반 선수들과 경쟁하고자 할 때, 그들이 의지한 기술력이 스포츠의 공정성에 어긋난다고 할 수 있을까요? 근거를 들어 자신의 생각을 정리해 봅시다.

2020년 프로 야구 퓨처스 리그에서 한국 프로 야구 최초로 시범 운용된 로봇 심판.
로봇 심판의 판정 결과는 음성으로 변환되어 주심이 착용한 이어폰으로 전달된다.

스포츠 정신이라는 말에는 경기 규칙을 잘 따르고 지키겠다는 다짐과 심판 판정을 존중한다는 의미가 담겨 있어요. 올림픽 선서문 첫 문장도 "우리는 올림픽 관련 규칙을 존중하고 준수하며, 페어플레이의 정신으로 본 올림픽에 참가할 것을 약속합니다."라고 되어 있어요. 선수뿐 아니라 경기를 진행하는 심판에게도 적용되는 중요한 선서 내용이에요.

중요한 경기에서 심판의 오심으로 결과가 뒤바뀌는 경우가 종종 있어요. 그런 경우 선의의 피해를 보는 팀이나 선수가 생길 수밖에 없기에 심판을 보조할 다른 수단이 필요하다는 요구가 계속되었답니다. 이런 문제를 해결하고자 도입된 대표적인 수단이 비디오 판독이에요. 선수나 감독이 판정에 문제가 있다고 생각될 때 정당한 이의 제기 절차로 비디오 판독을 요청해요. 이 제도로 오심 논란은 현저히 줄어들었지만 판정으로 인한 문제를 완전히 없앨 수는 없었어요.

2022년 베이징 동계 올림픽 쇼트트랙 1000미터 종목에서 편파 판정 논란이 있었어요. 우리나라 황대헌 선수가 일등으로 들어오고도 코스 변환이 늦었다며 실격 처리됐는데, 비디오 판독을 하고도 실격 판정이 유지되었어요. 비디오 판독의 최종 판단 역시 사람의 몫이기 때문이었지요. 비디오 영상을 해석하는 권한은 심판에게 있기 때문에 어떤 관점으로 해석하느냐에 따라 결과가 달라질 수 있어요.

비디오 판독은 테니스나 배드민턴 경기에서 라인 인 아웃을 판정하는 데도 사용돼요. 선수가 비디오 판독을 요청하면 결과를 실제 장면이 아닌 이미지화된 영상으로 보여 주어 미세한 차이를 확인할 수 있게 해요. 이 제도는 선수나 지도자 모두 신뢰하는 영역인 듯해요. 경기 비디오를 분석한 뒤에 객관적인 이미지 영상을 따로 송출하니, 그 판단을 존중할 수밖에 없는 것이지요. 그런데 경기 영상을 보고 이미지로 송출하는 과정에서 심판이 개입할 수 있는 여지가 아주 없지는 않아요. 배구, 농구, 축구, 야구 등에서도 비디오 판독을 하지만 그 판단과 해석 역시 심판의 몫이에요. 레슬링, 태권도, 복싱, 유도 등과 같은 투기 종목에서도 비디오 판독의 최종 판단은 심판의 재량에 달려 있어요.

심판의 주관적 판단이 개입할 여지가 아예 없는 종목이 있기는 해요. 육상 높이뛰기나 장대높이뛰기는 바가 떨어지는 아주 단순하고 명확한 기준이 있지요. 반면 달리기나 스피드 스케이팅, 쇼트트랙, 사이클 같은 경기는 육안으로 식별이 불가능한 경우가 많아 1/1000초까지 구별해 내는 정밀한 기계를 사용해요. 스타트할 때 총에서 발생하는 반응과 결승점에 설치된 센서로 기록을 측정하는데, 스타트할 때 보통은 센서에 따라 0.1초 이내에 움직임이 감지되면 부정 출발로 판정돼요. 육상은 0.1~0.2초 초반 이내에 반응하면 좋은 스타트라고 하고, 수영은 0.6초 이내면 좋은 스타트라고 해요. 2021년 전국 소년 체육 대회 유년부 수영 50미터 대회에서 1등을 한 선수가 0.39초만에 반응을 보이며 스타트를 했어요. 육안으로 보면 확연하게 먼저 출발하는 것처럼 보였지만, 심판진이 문제가 없다고 판정하여 논란이 일었던 적이 있어요.[4]

반응 속도를 측정할 수 없는 스피드 스케이트나 쇼트트랙 경기에서는 미세한 움직임을 고성능 광학 시스템으로 포착하는데, 여기서도 비슷한 문제가 발생한 적이 있어요. 2022년 베이징 동계 올림픽 500미터 스피드 스케이팅 경기에서 아무리 느린 영상을 돌려 보아도 육안으로는 출발선에 선 선수들의 움직임이 나타나지 않았는데 기계적인 판단에서 부정 출발이 된 사례가 있어요. 광학 센서에 문제가 있는 게 아니냐고 의심하는 사람들이 많았지만 밝혀낼 수가 없었어요. 과연 기계 시스템을 전적으로 신뢰할 수 있느냐 하는 문제가 제기될 수밖에 없었지요.

야구의 경우 로봇 심판 도입에 대한 논의가 오래전부터 있어 왔어요. 들쭉날쭉한 스트라이크 존 때문에 발생하는 판정 불만이 경기마다 있었기 때문이에요. 아무리 우수한 심판이라 하더라도 스트라이크 존에 일관성을 갖기란 쉽지 않지요. 2022년 한국 프로야구 시즌에서는 이전보다 넓게 스트라이크 존을 조정하면서 일관성 논란이 여러 경기에서 불거졌어요. 심판의 볼 판정 하나로 경기 결과가 뒤집힐 수도 있기에 심판은 오히려 부담감을 더 크게 가질지도 몰라요. 현행 제도로는 심판의 볼 판정에 항의를 하면 퇴장까지 당하기 때문에 볼 판정은 오롯이 심판의 성역으로 남아 있어요. 그래서 선수나 심판 모두 볼 판정으로부터 자유로워지기 위해 로봇 심판을 도입하자는 주장이 끊이지 않아요. 실제 프로 야구 2군 경기에서 시범 운영을 하고 있다고 하니 조만간 로봇 심판이 현실화될지도 모르겠네요.

스포츠 세계는 보다 공정한 경기를 위해서 각종 첨단 장비를 도입하며 객관성과 신뢰성을 높여 가고 있어요. 아직 기술적으로 보완해야 할 점이 남아 있지만 현재로서는 판정 시비를 줄이기 위한 최선의 선택이라고 할 수 있어요.

+Q 스포츠와 인공 지능

로봇 심판과 같은 인공 지능 기술을 다른 스포츠 종목에 접목시킬 수 있는 가능성을 따져 보고, 인공 지능 기술을 도입했을 때 나타나는 또 다른 문제점은 없을지 생각해 봅시다.

Q15 여성 선수는 언제부터 올림픽에 참가했을까?

여성 최초로 올림픽 경기에서 우승한 영국의 테니스 선수 샬롯 쿠퍼

올림픽 개막식에서 선수단이 입장하는 모습을 본 적 있나요? 여러분이 보았던 장면에서는 분명 남녀 선수들이 함께 입장하고 있었을 거예요. 그런데 고대 올림픽에서는 여자들의 출입을 금지했었답니다. 출전은커녕 경기 관람도 할 수가 없었지요. 첫 근대 올림픽인 1896년 아테네 올림픽에서도 남자 선수들만 경기를 벌였어요. 제2회 대회인 1900년 파리 올림픽부터 여자 선수들이 참가하기 시작했는데, 남자 선수가 975명인데 반해 여자 선수는 22명에 불과했어요. 1924년 파리 올림픽에는 미국, 덴마크, 프랑스, 영국, 스웨덴 등의 나라에서 여성 선수가 10명 이상씩 참가하며 처음으로 100명을 넘었어요. 그 다음 대회부터는 참가 인원이 쑥쑥 늘어나 1928년 암스테르담 올림픽에서는 200명이 넘었고, 1936년 베를린 올림픽에서는 300명을 넘겼어요. 숫자는 적었어도 이때쯤에는 유럽 거의 모든 나라에서 여성 선수가 올림픽에 참가했어요.

올림픽 여성 참가자 비율은 회마다 조금씩 늘고 있어요. 1952년 헬싱키 올림픽 때 여성 참가자 수가 처음으로 10퍼센트를 넘었고, 2020년 도쿄 올림픽에서는 47.7퍼센트로 마침내 남녀 비율이 비슷해졌어요.

우리나라는 1948년 런던 올림픽 때 처음 여성 선수가 참가했어요. 1948년이면 우리나라가 일제 강점기에서 해방되고 고작 3년밖에 지나지 않은 때로, 처음으로 대한민국 국호를 달고 참가한

올림픽이었어요. 이때만 해도 교통이 발달하지 않아서 배 타고, 기차 타고, 비행기 타고, 정말 탈 수 있는 것은 거의 다 타면서 힘들게 런던까지 갔어요. 육상 원반던지기 종목에 출전한 박봉식 선수가 우리나라 최초로 올림픽에 참가한 여성 선수예요. 우리나라 여성 선수가 올림픽에서 첫 메달을 딴 것은 1976년 몬트리올 올림픽으로, 여자 배구 팀이 동메달을 획득했어요.

선수가 아닌 다른 스포츠 영역에서도 여성의 진출이 계속되고 있어요. 예를 들어 심판의 경우, 과거에는 남성의 영역으로 여겨졌지만 지금은 많은 종목에서 여성 심판들의 진출이 눈에 띄게 늘어나고 있어요. 여자부 경기에 여성 심판이 배정되는 것은 너무나 익숙한 모습이 되었고, 2022년 카타르 월드컵에서는 남자 선수들만 출전하는 경기에 처음으로 여성 심판이 등장했어요. 월드컵이 시작되고 92년 만에 처음이라고 해요. 국내 경기에서도 2007년 남자 프로 농구 경기에서 처음 여성 심판이 등장했고, 2015년에는 남자 프로 농구의 심판 위원장을 여성이 맡았어요. 2020년 도쿄 올림픽에는 우리나라 여성 심판들이 국제 심판으로 참가해 배구, 축구, 유도 등에서 많은 활약을 했어요.

여성 감독들도 점점 늘어가고 있는데, 여자 프로 배구에서는 2010년 여성 감독이 처음 등장했고, 2019년 리그에서 여성 감독이 이끄는 팀이 처음으로 통합 우승을 차지했어요. 그동안 여자 프로 배구는 남성 감독 중심이었는데, 이러한 편견을 깨뜨리는 좋은 사례가 되었지요. 2021년 여자 축구 국가 대표 팀 감독에 처음으로 여성 감독이 임명되면서 최초 여자 축구 감독이 탄생하기도 했어요. 이들 모두 '최초 여성 감독'이라는 부담감을 안고 시작했지만, 남성 감독들이 해 오던 방식에서 탈피해 새로운 기대감을 갖게 해 주었어요. 이 밖에도 여자 농구, 핸드볼, 양궁, 탁구 등 많은 종목에서 여성 감독이 늘어 가고 있어요.

+Q. 성평등 올림픽의 의미

2020년 도쿄 올림픽은 남녀 선수 성비 균형을 맞춘 첫 '성평등 올림픽'으로 평가받고 있어요. 하지만 숫자만 비슷해진다고 해서 진정한 성평등 올림픽이라고 할 수 있을까요?
오른쪽 큐알 코드의 기사[5]를 참고해 스포츠에서 진정한 성평등이 이루어지려면 무엇이 더 필요할지 생각해 봅시다.

올림픽, 정말 성평등할까?

올림픽 여성 선수 참가율

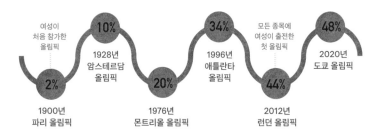

여성이 처음 참가한 올림픽

2%
1900년
파리 올림픽

10%
1928년
암스테르담
올림픽

20%
1976년
몬트리올 올림픽

34%
1996년
애틀랜타
올림픽

모든 종목에 여성이 출전한 첫 올림픽

44%
2012년
런던 올림픽

48%
2020년
도쿄 올림픽

1900년 파리 올림픽부터 2020년 도쿄 올림픽까지 여성 선수의 참가율 변화를 보여주는 그래프[6]

국제올림픽위원회는 '올림픽 어젠다Olympic Agenda'라는 것을 발표해요. '올림픽 어젠다'란 간단히 말해 올림픽에서 지향해야 할 목표라고 할 수 있어요. 2020년에는 40가지 권고 사항이 발표되었는데, 그 안에 '스포츠에서의 성평등'이라는 원칙이 있었어요. 이런 원칙이 남아 있다는 것은 올림픽이 성평등에 아직 많은 노력을 기울여야 한다는 의미이기도 해요.

성평등을 향한 노력은 계속해서 결실을 거두고 있어요. 올림픽 여성 선수 참가 비율이 꾸준히 늘고 있고, 경기 종목에서도 남녀의 참가권을 동등하게 보장하려는 노력이 끊이지 않고 있어요. 남자들만의 경기라고 알려졌던 축구에서도 1996년 애틀랜타 올림픽부터 여자부 경기가 추가되었고, 1992년에는 여자 유도가, 2004년에는 여자 레슬링이, 2012년에는 여자 복싱이 차례로 추가되었어요. 2020년 도쿄 올림픽에서는 흥미로운 경기들이 새로 등장하기도 했는데, 탁구나 배드민턴 종목에만 있던 남녀 혼합 종목이 양궁, 유도, 육상, 수영, 철인 3종, 사격에도 확산된 거예요. 이 대회 남녀 혼합 종목은 2016년 리우데자네이루 올림픽 때보다 9종목이 늘어난 18종목이었어요.

경기장 밖에서도 성평등을 향한 노력을 다양하게 찾을 수 있어요. 2020년 도쿄 올림픽에서는 올림픽 사상 최초로 개회식에서 모든 참가국이 남성과 여성 공동 기수를 내세웠어요. 올림픽 선서를 하는 사람들의 성비도 1대 1로 맞추기 위해 기존 3명으로 구성되었던 선서자를 6명으로 확대했고요. 올림픽 중계 방식에서도 성평등을 실천하고자 국제올림픽위원회에서 '성적으로 평등하고, 선수의 외모나 유니폼, 신체 부위 등을 불필요하게 강조하지 말라'는 지침을 제시했어요.

올림픽에서의 성평등이 차츰차츰 그 범위와 내용을 넓혀 가고 있지만 아직은 부족한 느낌이에요. 대부분의 종목이 남녀가 함께 참가할 수 있도록 열려 있는 반면, 리듬 체조, 아티스틱 스위밍의 경우는 여성 선수들만 참가할 수 있어요. 특히 체조 경기는 남자 종목과 여자 종목이 정해져 있어요. 링, 철봉, 안마, 평행봉은 남자 경기이고 평균대와 2단 평행봉은 여자 경기예요. 마루와 도마는 남녀 공통 종목인데, 남성 마루는 음악 없이 진행되지만 여자 경기에서는 음악이 필수 사항이에요. 여성 마루가 여성성을 강조하며 아름다움을 표현하도록 고안되었기 때문이에요.

남녀를 구분하고 차별을 두는 것은 고정 관념과 편견 때문이에요. 또한 성평등 문제를 기회 평등에 초점을 맞추어야 할지 결과 평등에 초점을 맞추어야 할지도 생각해 볼 문제예요. 둘 중 어느 것이 성평등에 가까운지 고민했던 흔적은 올림픽 사격 종목에서 알 수 있어요. 사격은 오랜 기간 남자들만 참가하는 종목이었는데 1972년 뮌헨 올림픽부터 여성 선수도 출전할 수 있게 되었어요. 그런데 이때는 남녀 구분 없이 함께 경쟁하는 방식이었어요.

1976년 몬트리올 올림픽 시상식에서는 남녀 선수가 함께 시상대에 올라와 있는 장면을 볼 수 있어요. 미국 남자 선수 래니 배샴이 금메달을, 미국 여자 선수 마거릿 머독이 은메달을, 독일 남자 선수 베르너 지볼트가 동메달을 차지했는데, 세밀한 표적 조사로 금메달과 은메달이 결정될 정도로 두 선수의 실력이 막상막하였다고 해요. 그래서 1위를 한 래니 배샴 선수가 시상식에서 마거릿 머독 선수를 자기와 같은 1위 자리로 올라오게 했어요.

1984년 로스앤젤레스 올림픽부터는 남녀 구분하여 사격 경기

왼쪽에 안경을 쓴 선수가 마거릿 머독이다.

를 치르게 되었어요. 남녀가 동등한 경쟁의 기회를 얻는 것과 남녀 모두가 동등한 결과를 얻을 수 있도록 하는 것 사이에서 고민하다 보니 이렇게 남녀의 출전 방식이 계속 바뀌게 된 거예요. 남녀의 생물학적 차이를 존중하면서도 제도적으로 남녀가 차별받지 않게 하려면 아직도 고민해야 할 부분이 많은 것 같아요.

+Q 트렌스젠더 선수를 둘러싼 공정성 논란

2020년 도쿄 올림픽에서는 최초로 트렌스젠더 선수가 참가했어요. 뉴질랜드의 역도 선수 로럴 허버드가 성전환 수술을 받고 여성 선수로 출전한 거예요. 이를 두고 트랜스젠더 여성과 처음부터 여성이었던 선수가 경쟁하는 것은 불공정하다는 논란이 있었어요. 트렌스젠더 선수의 여성부 경기 참가에 대한 여러분의 생각을 근거를 들어 말해 보세요.

과거 국제핸드볼연맹은 여자 선수들의 복장을 '하의 측면 폭이 10센티미터를 넘기지 않는 비키
니'로 강제했다. 이는 남자 선수들에게는 적용되지 않는 규정이다.

스포츠에서 나타나는 성 상품화 논란은 대부분 유니폼 문제에서 발생한다고 볼 수 있어요. 유니폼은 경기하기에 불편함이 없고 거기에 디자인까지 멋지면 더 좋다고 생각해요. 그런데 유독 여성 유니폼을 두고 여러 논란이 일어나는 건 많은 대중이 여성 스포츠에 관심을 갖게 하자는 의도에서 노출 수위를 높였기 때문이에요. 그 전략이 어느 정도 성공하기도 했지만, 정작 선수들이나 경기를 관람하는 관중들은 불편한 반응을 보였어요. 그래서 규정을 바꾸거나 제한하는 조치가 뒤따르기도 했고요.

1997년 우리나라 여자 농구에서는 위아래가 붙은 원피스형 쫄쫄이 유니폼을 입으라는 규정이 만들어졌어요. 당시 농구협회는 여자 농구 활성화를 위해서 마련한 규정이라고 했고, 선수들은 민망하지만 협회 규정이니 따를 수밖에 없었어요. 결국 3년 뒤 그 규정은 사라졌지만, 여성 유니폼 논란이 있을 때마다 두고두고 이야기되는 부끄러운 과거예요.

2004년 아테네 올림픽 여자 배구 그리스 팀이 노출이 심한 수영복 같은 유니폼을 입고 나와 문제가 되었던 적이 있어요. 규정에 어긋나는 것은 아니었지만 경기 장면이 공중파를 타고 전 세계로 전달될 때마다 파급력이 상당했어요. 2013년에는 여자 배구 선수들에게 여성미를 강조한다면서 테니스나 탁구에서 입는 치마바지를 입게 했다가 선수들의 불만으로 1년 만에 사라지기도 했어요. 2014년 9월 이탈리아에서 열린 사이클 대회에서 콜롬비아 선수들이 누드 착시 유니폼을 입고 나와 논란이 있었는데 스포츠를 한낱 조롱거리로 만드는 품위 없는 행위라며 강하게 비판하는 사람들이 많았어요.

유니폼의 노출 수위나 디자인을 두고 성 상품화 논란이 일 때마다 늘 흥행을 위해서는 어쩔 수 없다는 해명이 뒤따랐지만 그런 시도는 늘 얼마 못 가 한계를 드러냈어요. 스포츠는 경기 자체도 중요하지만, 관중이나 시청자의 흥미를 끌 만한 요소가 필요해요. 유니폼도 재미 요소가 될 수 있지요. 문제는 협회나 구단에서 일방적으로 결정하고 선수들은 무조건 따를 수밖에 없는 구조였다는 거예요. 자신은 운동선수이지 모델이 아니라며 반감을 드러내는 선수들도 있었고, 유니폼이 보기 민망하다며 교체해 달라는 팬들의 요구도 있었지만, 의사 결정은 오로지 협회의 몫이었어요.

최근에는 유니폼을 결정할 때 여성 선수들의 의견이 많이 반영된다고 해요. 여자 테니스 선수 세레나 윌리엄스는 2018년 프랑스 오픈 대회에서 몸에 딱 달라붙는 검은색 전신 보디 슈트를 입고 나왔어요. 출산 후 코트로 돌아오며 여성들에게 자신감을 주고 싶었고, 당시 자신이 앓고 있던 질병인 폐색전에 보디 슈트가 도움이 된다고 밝히며 자신의 유니폼이 지닌 여러 기능적인 장점을 설명했어요. 테니스 종목에는 윔블던 대회에서 비롯된 '전통적인 옷', 하얀색 유니폼을 입어야 하는 암묵적 규칙이 있는데, 세레나는 이런 관행에 저항한 거예요. 주최 측의 권유로 다음 경기부터는 기존 옷을 착용했지만, 매우 신선한 충격 준 사건이었어요.

최근 비치 핸드볼 경기에서도 비슷한 일이 있었어요. 여자 선수들은 비키니 유니폼을 입는 것이 규정이었지만, 2021년 11월 몸에 붙는 반바지를 입는 것도 허용했어요. 2021년 7월 노르웨이 국가 대표 선수들이 비키니 규정을 어기고 반바지 차림으로 유럽 선수권 대회에 나온 이후 바뀐 규정이에요. 비키니 유니폼이 편하다는 선수들도 있기 때문에 누구나 자신이 원하는 유니폼을 입도록 허용하고 있어요.

무엇이 옳다 그르다 하는 판단은 시대 분위기나 대중의 요구에 따라 달라질 수 있어요. 하지만 그런 요구들이 스포츠가 갖고 있는 도전 정신과 공정한 경쟁을 방해해서는 안 된다는 점을 기억해야 해요.

+Q 유니폼 규정과 성평등

비치 핸드볼 규칙에서 비키니를 입어야 한다는 규정은 없어졌지만 여전히 '여자 선수들은 몸에 딱 달라붙는 반바지를 입어야 한다.'는 내용이 남아 있어요. 유니폼 규정 개정이 갖는 의미와 한계를 이야기해 봅시다.

Q18 동계 올림픽은 '그들만의 리그'?

2014년 소치 동계 올림픽에 참가한 자메이카 봅슬레이 팀.
2002년 이후 12년 만에 동계 올림픽 무대에 모습을 드러냈다.

「쿨러닝」은 1988년 캘거리 동계 올림픽에 출전했던 자메이카 봅슬레이 대표 팀의 실제 이야기를 바탕으로 한 영화예요. 눈이 내리지 않는 더운 나라 선수들이 동계 올림픽 출전권을 따내기까지 얼마나 많은 고난과 시련을 겪었을까요?

최근 강원도는 2024년 강원 청소년 동계 올림픽*을 유치하고 난 뒤 지금까지 없었던 새로운 프로그램을 추진하고 있어요. 하계 올림픽에는 국제올림픽위원회에 가입한 206개 국가올림픽위원회 National Olympic Committee, NOC가 대부분 참여하고 있지만, 동계 올림픽에는 그 절반 정도의 국가만 참가하고 있어요. 2018년 평창 동계 올림픽에는 93개국이 참가했고 2022년 베이징 동계 올림픽에는 91개국이 참가했어요. 동계 올림픽에 참가할 만한 환경과 조건이 안 되는 국가들이 그만큼 많다는 거예요.

아프리카, 동남아 국가가 동계 올림픽에 참가한다는 건 현실적으로 매우 어려운 일이에요. 기후 조건도 그렇고 하계 올림픽보다 장비와 훈련 비용이 많이 들거든요. 그래서 강원도는 강원 청소년 동계 올림픽에 참가하고 싶어 하는 아프리카 지역 선수들에게 훈련장, 훈련 프로그램을 비롯해 대회 참가에 필요한 여러 가지 지원을 하고 있어요. 아프리카 국가들이 선수를 선발해서 한국에 보내면 이곳 지도자들이 훈련과 경기 경험을 쌓아 주는 것인데, 국

---

* 2012년부터 시작된 만 14세에서 18세까지 참가하는 올림픽이다. 올림픽 시상식에 국가國歌 대신 올림픽 찬가가 연주된다.

제올림픽위원회도 전폭적으로 지지하고 있어요. 지금까지 반쪽 올림픽이 될 수밖에 없었던 동계 올림픽에 새로운 계기가 마련될 수 있으니까요.

국제올림픽위원회의 이 같은 노력은 '올림픽 헌장에 명시된 권리 및 자유는 인종, 피부색, 성별, 성적 지향성, 언어, 종교, 정치적 또는 기타 의견, 민족 또는 사회적 출신, 재산, 출생 또는 기타 신분 등 어떠한 종류의 차별 없이 누릴 수 있도록 보장되어야 한다.' 는 원칙을 바탕으로 하고 있어요. 전쟁, 분쟁 지역 선수들이 올림픽에서 배제되지 않도록 개인 참가를 보장하고 있는 것처럼요.

국제올림픽위원회는 정치적으로 소외되거나 차별받는 선수들이 올림픽에 참가할 수 있는 다양한 길을 열어 두었어요. 그 예로 난민 선수들이 하나의 깃발 아래 올림픽에 참가한 일이 있어요. 2016년 리우데자네이루 올림픽과 2020년 도쿄 올림픽에 내전과 전쟁으로 나라를 떠날 수밖에 없었던 선수들이 올림픽 난민 팀 Equipe Olympique des Réfugiés, EOR 소속으로 참가했어요. 올림픽이 추구하는 세계 평화와 공정한 기회라는 정신이 제대로 드러난 예라 할 수 있지요.

신체 장애인들의 국제 경기 대회인 패럴림픽Paralympic에도 소외와 차별을 없애려는 올림픽 정신이 아주 잘 담겨 있어요. 147개국이 국제장애인올림픽위원회International Paralympic Committee, IPC에 가입되어 있어요. 국제올림픽위원회보다는 작은 규모지요. 1960년 로마에서 제1회 하계 패럴림픽이 개최되었고, 1976년 외른셸스비크에서 제1회 동계 패럴림픽이 개최되었어요. 1988년 이전까지는 올림픽과 개최지가 달랐지만 서울 올림픽 이후 올림픽이 끝나면 바로 그 자리에서 열리고 있답니다.

패럴림픽은 크게 20개 종목으로 나뉘고, 그 종목 안에서 상애 정도에 따라 세부 종목이 나뉘어요. 육상 경기는 8가지 신체장애와 시각 장애, 지적 장애로 구분하며, 시각 장애인의 경우는 가이드(유도자)가 있는 종목과 없는 종목으로 나뉘어요. 가능한 많은 장애인 선수들이 원활하게 경쟁할 수 있도록 하나의 종목 안에서도 장애 정도에 따라 종목을 세분화하고 있지요.

올림픽은 장애와 기후, 환경, 재난을 극복하고 인류 보편의 가치를 실현하기 위한 노력을 지속해 왔어요. 스포츠를 사랑하는 전 세계인이 올림픽 정신을 발휘해 온 위대한 업적이라고 할 만하지요.

+Q 올림픽의 기본 원칙

올림픽 헌장을 살펴보고 올림픽 경기에서 헌장의 정신을 제대로 구현하고 있지 못한 사례가 있는지 조사해 발표해 봅시다.

 **표현의 자유 vs 정치 중립성,
스포츠에서 더 중요한 것은?**

1968년 멕시코시티 올림픽 육상 200미터 메달 수여식에서 금메달과 동메달을 딴 선수가 미국의
인종 차별에 항의하는 의미로 고개를 숙인 채 검은 장갑을 낀 손을 높이 들고 있다.

'보이콧boycott'이라는 말을 들어 본 적 있나요? 사회적으로 물의를 일으킨 기업이 만든 물건을 쓰지 않겠다는 불매의 의미로 쓰이기도 하고, 노동자들이 회사에 자신들의 의견을 강하게 전달하기 위해 업무를 중단한다는 의미로 쓰기도 해요. 외교적 갈등이 발생하는 경우나 이해관계에 따라 보이콧을 전략적으로 사용하기도 해요. 올림픽과 같은 스포츠 대회에서도 경기에 참가하지 않겠다는 의미로 보이콧이라는 용어가 자주 쓰여요.

보이콧의 궁극적인 목적은 집단적인 항의 의사를 전달하는 것이지만, 가끔은 상대 진영에 타격을 가하려는 의도도 깔려 있어요. 1980년대 올림픽에서 보이콧은 냉전 시대의 상징과도 같았어요. 1980년 모스크바 올림픽을 앞두고 미국을 중심으로 한 자본주의 진영 60여 개국이 소련의 아프가니스탄 침공에 항의하는 표시로 올림픽 참가를 거부했어요. 우리나라도 이 보이콧에 참여했고요. 모스크바 올림픽에는 겨우 80개 나라만 참가했고, 이에 대한 보복으로 바로 다음 올림픽인 1984년 로스앤젤레스 올림픽에서는 소련을 중심으로 한 공산 진영 국가들이 참가를 거부했어요. 1988년 서울 올림픽에 와서야 두 진영이 모두 올림픽에 참가하게 돼요. 그래서 서울 올림픽을 평화의 올림픽이라 부른답니다.

모스크바 올림픽 말고도 우리나라가 국제 대회를 보이콧한 사례가 더 있어요. 1979년 평양 세계 탁구 선수권 대회에서 북한은 남북 단일팀을 주장했고 우리는 개별 팀 참가를 주장했어요. 그러면서 우리 정부는 미국을 중심으로 한 자본주의 진영 국가에 평양 세계 탁구 선수권 대회 참가를 보이콧하자고 제안했어요.[7] 하지만 미국은 오래전 참가를 결정해 놓은 상태였지요. 북한은 남한과 이스라엘에만 입국 비자를 발급해 주지 않았어요. 북한도 1988년 서울 올림픽을 앞두고 공산권 국가에 서울 올림픽 참가를 보이콧하자고 제안했다 실패한 일이 있어요. 암울한 시기였지요.

2022년 베이징 동계 올림픽에서는 중국 정부가 신장 위구르 지역에 사는 위구르족 무슬림들의 인권을 탄압한 데 항의하며 보이콧 움직임이 있었어요. 2008년 베이징 하계 올림픽 때도 인권 문제로 보이콧이 거론되었지만, 국제올림픽위원회의 발 빠른 대처로 조기에 잘 정리되었어요. 2022년 베이징 동계 올림픽에서는 선수단 보이콧은 없었지만 대신 외국 정상이나 정부 대표단이 행사에 불참하는 '외교적 보이콧'이 있었어요.

1976년 몬트리올 올림픽에서는 아프리카 22개국이 보이콧을 선언했어요. 국제올림픽위원회는 1964년부터 아파르트헤이트 apartheid라는 극단적인 인종 차별 정책을 펴고 있는 남아프리카 공화국의 올림픽 참가를 금지하고 있었어요. 국제 사회 전반에도 남아프리카 공화국과는 스포츠 교류를 하지 않는 분위기가 지배적이었고요. 이런 상황에서 1976년 뉴질랜드가 남아프리카 공화국과 친선 럭비 경기를 한다고 발표하자 아프리카 22개국이 뉴질랜드가 몬트리올 올림픽에 참가하면 자신들은 참가하지 않겠다고 보이콧을 선언했던 거예요.

1968년 멕시코시티 올림픽 육상 200미터 시상식에서는 두 흑인 선수가 인종 차별에 항의하는 세리머니를 펼쳐 큰 논란이 벌어졌어요. 금메달을 딴 토미 스미스와 동메달을 딴 존 카를로스 선수는 맨발로 시상대에 올라 미국 국가가 연주되는 동안 검은 장갑을 낀 손을 들어 올리고 고개를 숙이고 있었어요. '블랙 파워 경례 Black Power Salute라 불리는 이 행동은 미국의 흑백 인종 차별에 항의하는 표시였어요. 이 사건으로 두 선수 모두 메달을 박탈당했고, 미국올림픽위원회United States Olympic Commitee, USOC에서 퇴출되었어요. 올림픽 헌장에 '어떠한 형태의 시위나 정치적·종교적·인종적 선전도 허용하지 않는다.'는 규정이 있기 때문이에요. 은메달을 딴 호주의 피터 노먼 선수도 함께 연대한다는 의미로 인권 배지를 달고 시상대에 올랐다가 호주 대표 팀에서 탈락하는 불이익을 받았어요. 2006년 노먼 선수가 사망하자 토미 스미스와 존 카를로스 선수가 직접 관을 들었고, 늦은 감이 있지만 호주 정부는 2018년에 용기 있는 행동을 한 노먼에게 사후 공로 훈장을 수여했어요.

2020년 도쿄 올림픽에서는 포환던지기에서 은메달을 차지한 미국 흑인 선수 레이븐 손더스가 시상대에서 머리 위로 팔을 들어 올려 'X'자 표시를 했어요. 흑인, 성소수자 등 억압받는 사람들을 위한 세리머니였어요. 다행히 미국올림픽위원회는 손더스의 행동이 평화적인 행동이었고, 시상식에 참여한 다른 선수들을 존중했기 때문에 규정 위반이 아니라고 판단했어요. 국제올림픽위원회는 미국올림픽위원회의 결정을 존중해 메달을 박탈하지 않았고요.

올림픽 정신이란 '스포츠에 의한 인간의 완성과 경기를 통한 국제 평화의 증진'을 의미해요. 그렇기 때문에 올림픽이 어떤 정치 이념이나 국가 이익의 수단으로 사용되지 못하게 하고 있어요. 하지만 힘이 약한 집단이나 개인에게는 올림픽이야말로 자신의 의견을 가장 널리 표출할 수 있는 계기예요. 올림픽에서 사회·정치적인 문제를 표현하는 것, 여러분들은 어떻게 생각하나요?

+Q 보이콧의 힘

'보이콧'은 아일랜드 귀족의 재산 관리인이었던 찰스 보이콧의 이름에서 유래되었어요. 보이콧은 지역 노동자들을 난폭하게 대하고 쫓아 내는 것으로 악명이 높았어요. 1880년, 보이콧의 행동에 분개한 지역 상인들은 보이콧에게 물건을 판매하지 않았고, 보이콧의 농장에서 일하는 것도 거부했어요. 한마디로 보이콧을 지역 사회에서 배척한 것이지요. 그 후 보이콧이라는 말은 정치·경제·사회·노동 분야에서 부당한 행위에 맞서 집단이 조직적으로 벌이는 각종 거부 운동을 뜻하게 되었어요.

우리 사회에 보이콧이 필요하다고 생각하는 상황이나 분야가 있는지 생각해 보고, 현명한 보이콧 방법을 마련해 봅시다.

3부

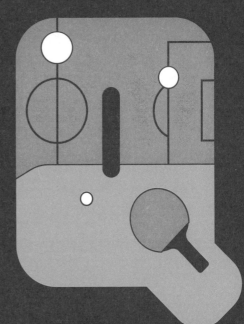

떼려야
뗄 수 없는,
국가와
스포츠

미국에서는 야구가, 영국에서는 크리켓이 인기 있는 이유는?

야구(왼쪽)와 크리켓(오른쪽)의 타자 모습. 야구와 크리켓은 두 팀이 교대로
공격과 수비를 하며 공을 배트로 쳐서 득점을 내는 스포츠다.

나라마다 선호하는 경향이 뚜렷하게 나타나는 스포츠 종목이 있어요. 미국에서는 미식축구, 야구, 농구가 인기 있지만 축구는 별로 인기가 없어요. 영국은 축구의 인기가 엄청나고, 미식축구 대신 럭비를 주로 하지요. 또 야구는 하지 않고 그와 비슷한 크리켓을 즐겨요. 크리켓은 우리에겐 좀 낯선 종목이지만 영국의 국기 (나라를 대표하는 스포츠)라고 할 만큼 인기 있는 스포츠예요. 월드 베이스볼 클래식 대회 시청자가 약 2억 명인데, 크리켓 월드컵은 전 세계 22억 명이 시청할 정도로 규모가 크답니다.

우리나라는 야구의 인기가 높지만 인도는 크리켓을 국민 스포츠로 여기고 있어요. 미국과 영국 중 어느 나라의 영향을 많이 받았느냐에 따라 이러한 차이가 발생했다고 볼 수 있지요. 그 이면에는 영국이라는 나라가 가진 문화적 우월감이 존재해요. 영국인들은 영국이 싫다고 아메리카 대륙으로 이민 간 사람들이 즐기는 야구나 미식축구 같은 스포츠를 시시한 걸로 취급하는 경향이 있거든요.

1700년대 영국에서 처음 시작된 크리켓은 영국이 건설한 많은 식민지에 전파되었어요. 특히 190년간 영국의 지배를 받은 인도에서 크리켓의 인기는 상상을 초월해요. 영국이 인도에 크리켓을 전파한 것은 식민지 정책의 일환이었어요. 인도의 부유층을 대상으로 크리켓을 전파하고, 그들과 좋은 관계를 유지하며 통치를 원활하게 하기 위해서였지요. 이후 힌두교, 무슬림교, 파르시(인도에

거주하는 조로아스터교 신도들), 그 외 기독교, 유대교, 불교 등의 팀이 구성되어 종파 간 대결로 이어지면서 경쟁이 치열해졌답니다. 시작은 식민 통치와 관련이 있지만 영국의 가장 권위 있는 크리켓 팀과의 경기에서 인도가 승리하면서 인도 사람들에게 크리켓은 나라의 자긍심과 민족주의 성향을 고취시키는 수단이 되었어요.

영국이 떠나고 인도와 파키스탄이 분리되자 두 나라는 크리켓 경기에서 팽팽한 자존심 싸움을 벌여 왔어요. 마치 한일전 축구처럼 애국심이 경기 내용을 압도하게 되었지요. 2000년대 초반에는 인도와 파키스탄 양국이 맞붙는 대회를 금지시킬 정도였다고 해요. 민족 감정과 국민들의 자존심에 영향을 미치는 '대리전쟁'을 넘어 실제 물리적 충돌로 번질 우려가 있었기 때문이에요. 이후 크리켓 대회의 규모가 커지면서 텔레비전 중계와 광고 스폰서 시장도 어마어마해졌어요. 선수들의 연봉 또한 영국 프리미어 리그 못지 않은 규모로 성장했어요. 2008년부터 시작된 '인도 프리미어 리그'는 국제 스포츠 대회의 한 축을 형성해 나가고 있어요.

영국 식민지를 중심으로 성장해 온 크리켓은 미국이나 일본, 대만, 한국 등에서는 외면받고 있어요. 대신 이 나라들에서는 야구의 인기가 높아요. 우리나라에는 1904년경 미국의 선교사들과 YMCA*를 통해서 야구가 처음으로 전해졌다고 해요. 초기에는 구

---

* 4(기독교청년회)의 약칭. 한국에서는 1903년 10월 28일 황성기독교청년회(서울YMCA의 전신)로 창설되었다.

락부*를 중심으로 확산되다가 조선체육회가 '전 조선 야구 대회'**를 개최하면서 널리 알려지게 되었어요. 일제 강점기에 야구는 식민지 생활로 억눌렸던 감정을 해소할 수 있는 수단이었어요. 일본 유학 중에 야구를 배운 유학생들이 국내에 야구를 전하기도 하면서 자연스럽게 민족 감정을 고양시키는 스포츠 중 하나가 되었답니다.

1900년 초부터 우리나라에 전해진 근대 스포츠, 축구, 농구, 야구 등 대부분의 구기 종목은 당시의 정치적인 상황과 깊은 관련이 있어요. 미국과 일본의 영향이 지대했던 시기에 전파된 외국 스포츠 문화가 지금까지 영향을 미치고 있는 것이지요.

쿠바 야구도 비슷해요. 앞서 언급했듯이 야구는 일본, 대만, 한국 등 미국과 가까운 우방국들에 전해진 스포츠라고 인식되기 쉬워요. 그래서 사회주의 국가 쿠바에서 야구가 성행하는 것이 선뜻 이해가 가지 않지요. 1870년대 미국에서 유학하고 돌아온 학생들이 쿠바에 야구를 확산시켰는데, 이때 쿠바는 스페인의 식민지였어요. 스페인은 쿠바인들을 억압하는 수단으로 야구를 금지했어요. 오랜 전쟁으로 겨우 스페인에게서 독립한 쿠바는 다시 미국의 간접 지배를 받으며 힘든 시간을 보내게 돼요. 독립 전쟁 때 스페

* 동호회 또는 동아리, '클럽'의 일본식 표현이다.
** 제1회 전국 체육 대회(전국 체전)의 시작점이었던 대회. 배재고등보통학교 운동장에서 1920년 11월 4일 개최되었고, 독립운동가인 월남 이상재가 시구를 했다.

인의 항복을 받아 내는 데 도움을 준 대가로 미국이 쿠바 정치에 관여할 수 있는 협정을 체결했거든요.

미국에 대한 저항 정신이 강했던 쿠바인들에게 미국과 쿠바의 야구 경기는 국민을 더욱 단결하게 하는 이벤트였고, 쿠바에서 야구는 민족주의적인 스포츠로 진화하게 돼요. 이후 1959년 사회주의 정권이 들어서면서 야구 인기가 더욱 높아졌고, 1992년, 1996년, 2004년 올림픽에서 금메달을 획득하면서 지금까지 아마추어 야구 최강국으로 군림하고 있답니다.

야구나 크리켓처럼 특정 스포츠가 식민지 국민의 놀이 문화이자 저항 문화로 자리잡은 경우가 많아요. 약소국에서 근대 스포츠는 제국주의 국가들의 식민 지배를 받으며 정착되었지만, 반대로 식민 상황을 극복하려는 의지와 열망을 키우며 성장했다고 볼 수 있어요.

+Q 스포츠와 제국주의

어떤 스포츠의 인기는 그것이 비롯된 나라의 경제적, 정치적, 문화적 힘과 직결돼요. 영국이 식민지 정책의 일환으로 '크리켓의 전파'를 선택한 이유가 무엇이었을지 생각해 보고, 오늘날 우리가 많이 즐기는 스포츠 중 제국주의적 침략에 저항하며 발전한 종목이 있는지 조사해 봅시다.

'붉은 악마'의 거리 응원,
언제 처음 시작되었을까?

2002년 한일 월드컵 당시 '붉은 악마'가 서울 광장을 가득 매우고 있다.

'대~한민국'이라고 외치면 길거리에 지나가던 모든 사람들이 자동 반사로 '짝짝짝 짝짝' 박자에 맞춰 박수를 치던 때가 있었어요. 바로 2002년 한일 월드컵 때예요. 2002년 한일 월드컵을 경험한 세대 중에 'BE THE Reds' 티셔츠 한 번 안 입어 본 사람이 있을까요? 붉은 옷을 입고 시청 앞 광장을 가득 메운 사람들의 모습, 밤새도록 '대~한민국'을 연호하던 사람들, 구호에 맞춰 경적을 울리던 차량들, 우리 대표 팀이 골을 넣었을 때 온 동네가 환호성으로 들썩였던 순간들이 아직도 생생하답니다.

축구 응원단은 선수들이 입는 유니폼을 함께 입고 구호를 크게 외치며 격렬한 응원을 펼쳐요. 그중에서도 대한민국 축구 대표 팀 응원단인 '붉은 악마'는 열광적인 응원과 단결력으로 유명해요. '붉은 악마'가 2002년 한일 월드컵 때 처음 등장했다고 알고 있는 사람들이 많은데, 그 시작은 좀 더 거슬러 올라가요. '붉은 악마'는 1995년에 처음 결성되어 1998년 프랑스 월드컵부터 본격적으로 활동을 시작했어요. '붉은 악마'라는 이름은 1983년 멕시코 세계 청소년 축구 선수권 대회에서 4강 신화를 이룩한 우리 청소년 대표 팀을 현지 언론에서 '붉은 악령Red Furies'이라고 부른 데서 유래했다고 해요.

'붉은 악마'의 상징인 길거리 응원은 2002년 한일 월드컵에서 절정에 달했어요. 사람들은 장소에 구애받지 않고 거리로 나와 응원을 하고, 대형 텔레비전이나 스크린이 있는 곳이면 어디서든 함께 경기를 봤어요. 관중들의 자발적 참여로 이루어진 카드 섹션이나 대형 태극기가 올라가는 장면은 지금 보아도 가슴이 뭉클해요.

음악과 율동 그리고 응원단의 응원 문화가 발달한 종목으로 야구도 빼놓을 수 없지요. 1980년대 초 프로 야구가 출범할 때에는 이러한 응원 문화가 없었어요. 경기에서 안타나 홈런 등이 나오면 박수와 환호성을 지르고, 응원 단장이 주도하여 선수의 이름을 연호하거나 유행가를 떼창하는 정도였지요. 그런데 2000년대 초반부터 각 구단의 특색을 드러내는 치어리더들이 등장했고 응원곡과 율동을 접목한 응원 문화가 꽃피기 시작했어요.

야구 응원 문화에서는 치어리더가 빠질 수 없는 요소이지만 축구의 경우 대체로 치어리더가 없어요. 그 차이가 뭘까요? 앞서 살펴보았듯이 야구는 미국, 축구는 유럽에서 인기 있는 종목이에요. 응원 문화도 자연스럽게 그 나라의 영향을 받게 되지요. 하지만 우리는 우리만의 독특한 응원 문화를 스스로 만들어 가고 있어요. 붉은 악마의 축구 응원이나, 야구장 치어리더 응원을 보면 오래전부터 이어져 오던 우리 민족 고유의 흥과 신명의 DNA가 느껴지는 것도 같아요.

종목의 특성에서도 이유를 찾을 수 있어요. 야구는 9회 동안 공수 교대를 해요. 그 사이에 쉬는 시간이 있기 때문에 치어리더가 응원을 할 수 있는 시간이 많아요. 하지만 축구 경기는 전·후반 사이 하프 타임을 제외하고는 쉬는 시간이 없어요. 치어리더가 응원

할 시간이 거의 없지요. 하프 타임 전까지는 경기가 쉴 새 없이 진행되기 때문에 경기 중에 치어리더가 응원을 하게 되면 오히려 방해가 될 수도 있어요.

최근에는 프로 축국 구단도 치어리더 팀을 운영하는 경우가 늘고 있어요. 치어리더가 주도하는 응원 문화를 만들어 관중을 늘리고자 하는 의도인데, 과연 종목 특성에 잘 맞는 것인지 관람에 실제 도움이 되는지에 대해 의견이 분분해요.

팬들의 자발적인 응원이든 전문 응원단이 주도하는 응원이든, 많은 사람이 동일한 구호와 율동으로 신명나게 응원하는 문화는 계속 진화하고 있어요. 일상을 떠나 목청 높여 소리 지르며 응원을 하고 나면 그 자체로 소속감과 일체감을 느끼며 생활에 활력을 얻는 경우가 많아요. 앞으로는 자기가 응원하는 팀의 승패와 별개로 거리 응원 공간에서의 재미와 즐거움을 추구하는 경향이 주류가 될 가능성이 크다는 연구 결과도 있답니다.[1] 자발적이고 개방적인 거리 응원은 광장 문화의 발전으로 이어졌어요. 공동의 목적을 위해 낯선 사람들이 광장에서 모여 하나가 되는 모습은 광장 문화의 새로운 변화를 주도하고 있다는 생각이 들어요.

앞으로 다가올 월드컵에서는 어떤 응원 구호와 응원 노래가 등장할지 궁금하네요. 많은 사람들이 한마음 한목소리로 응원하는 모습에는 우리 모두를 가슴 뜨겁게 연결해 주는 무언가가 있어요.

+Q 팬덤과 훌리건

축구장에서 난동을 부리는 과격 축구 팬을 '훌리건hooligan'이라고 불러요. 훌리건들의 난폭한 행동으로 사상자가 나오는 경우도 많은데요, 상대 팀을 적대시하는 것을 넘어 인종 차별이나 혐오로 이어지는 경우도 있어 사회적으로 큰 문제가 되고 있어요. '붉은 악마'가 훌리건과 같은 폭력적인 응원 문화로 변질되지 않은 이유를 생각해 보고, 응원 문화의 발전을 위해 필요한 원칙을 마련해 봅시다.

Q22 애국가, 왜 야구장에서는 부르고 축구장에서는 안 부를까?

애국가 연주 때 몸을 풀어 논란을 빚은 데이본 제퍼슨 선수.
구단은 그에게 최고 수준의 자체 징계인 '퇴출' 조치를 내렸다.

'국가주의'라는 말이 있어요. 국민 개인의 의사, 자유, 이익보다 정부가 설정한 공동체의 지향이나 목표, 국가의 이익을 우선시하는 경향을 일컫는 말이에요. 개인보다 국가를 중요하게 생각하다 보면 개인의 자유나 권리가 훼손되기 쉬워요. 개인을 통제하는 과정에서 사용되는 폭력이 쉽게 정당화되기도 하고요.

전쟁으로 폐허가 되었던 나라를 되살리는 과정에서 우리나라는 외교, 정치, 사회, 경제 모든 면에서 아주 힘든 시기를 보냈어요. 그 시기 내내 국가주의가 큰 영향력을 발휘했고, 국가주의 덕분에 지금처럼 잘 살게 되었다고 믿는 사람들도 많아요. 하지만 그 과정을 자세히 들여다보면 민주주의 가치는 심하게 훼손되었고, 재벌, 대규모 토지 소유자, 법조인, 정치인 등의 특권을 강화시키면서 수많은 노동자, 농민들에게는 희생을 강요했어요. 국가의 잘못된 점을 지적하는 지식인, 대학생들을 무차별로 잡아다 반공법*으로 감옥에 보내거나 하루아침에 사형을 집행하기도 했고요. 우리 사회 곳곳에 분열과 갈등으로 깊은 상처가 남았지만, 더 나은 대한민국을 만들고자 하는 시민들의 성숙한 민주 의식이 우리나라를 선진국 반열에 오르게 했어요. 대한민국 헌법 제1조 1, 2항에는 "대한민국은 민주공화국이다. 모든 주권은 국민에게 있고, 모든 권력은 국민으로부터 나온다."라고 적혀 있어요. 국가 이전에

---

* 1961년 7월 3일에 공산주의 활동을 처벌하기 위해 공포한 법률. 1980년 「국가보안법」이 개정되며 폐지되었다.

자발적이고 평화적인 민주 시민이 있고, 이 사회가 지금처럼 유지되려면 시민들이 국가 기관을 끊임없이 감시해야 해요.

우리나라에 국가주의가 강력하게 영향을 미쳤던 시기에 스포츠는 과연 정치에서 자유로울 수 있었을까요? 1982년 처음으로 프로 야구가 출범하며 많은 사람들의 인기를 끌기 시작했어요. 매일 저녁 펼쳐지는 야구 경기는 생활에 지친 사람들에게 쌓인 감정을 해소하고 삶의 열정을 북돋아 주었어요. 그런데 당시 영상을 보면 경기 시작 전에 야구 선수들이 그라운드에 서서 국기를 향해 경례를 하며 애국가를 부르고 있어요. 관중들도 자리에서 일어나 함께 따라 부르고요. 지금도 하고 있지만 그때는 하지 않는 사람을 찾기가 어려울 정도였어요. 같은 시기 극장에서도 영화가 상영되기 전에 애국가가 나오고 모든 관객이 자리에서 일어나 국민의례를 해야 했어요. 또 오후 6시(동절기 5시)가 되면 관공서마다 국기 하강식을 하는데, 거리에 애국가가 울리면 길을 가던 사람들이 그 자리에 멈춰 서서 애국가가 끝날 때까지 기다려야 했어요. 국민의례는 국가에 대한 충성과 애국심을 고양시키기 위한 의식이지만, 개인의 자유를 통제하고 억압하는 기능을 하기도 해요. 이에 대해 사회 여러 곳에서 끊임없이 비판이 일자, 1989년 1월 국민 전체를 대상으로 실시하던 국기 하강식과 영화관 국민의례가 공식적으로 폐지되었어요. 하지만 일부 공공기관 중심의 행사나 국가 행사에서는 지금도 국민의례가 지속되고 있어요.

야구와 농구 같은 프로 스포츠에서도 마찬가지예요. 경기 전 애국가를 부르는데, 국가 대항전이면 이해가 가지만 국내 리그에서 왜 애국가를 부르는 걸까요? 이에 대한 의견이 분분해요. 경기 전 애국가를 부르며 국민의례를 하면 선수들의 마음가짐이 달라지고 애국심이 높아진다고 주장하는 사람들이 있고, 프로 선수는 국가를 위해서가 아니라 팬과 팀을 위해 뛴다고 주장하는 사람들도 있지요. 애국심을 부정하는 게 아니라 스포츠 경기장에서 왜 애국심을 요구하는지에 대한 문제 제기인 거예요.

재미있는 사실은 축구, 배구에서는 국민의례를 하지 않는다는 거예요. 그럼 왜 유독 야구와 농구에서만 이런 의식이 유지되고 있을까요? 아무래도 야구와 농구의 역사에서 그 이유를 찾아야 할 것 같아요. 지금도 미국에서는 야구, 농구, 미식축구 등 프로 경기를 시작하기 전에 국민의례를 해요. 한국도 미국 방식을 따라 농구와 야구에서만 국민의례를 하는 듯해요. 꼭 지켜야 하는 것은 아니지만 없애야 한다는 의견이 크게 공론화되지 않은 상황에서 규정이나 관례를 바꾸기 위해 굳이 협회가 먼저 나서지는 않는 거지요.

1989년에 공공 국기 하강식과 영화관 국민의례를 폐지하면서 가졌던 문제의식을 상기해 보면, 과도한 국가주의는 국민의 자유로운 의사 결정권을 제한할 수 있어요. 실제로 프로 농구 팀의 외국인 선수가 애국가가 울릴 때 다른 행동을 했다는 이유로 비난을 받은 적이 있어요. 돈을 내고 프로 스포츠를 관람하러 간 시민들이 좌석에서 일어나 애국가를 함께 불러야 하는 불편함도 그렇지만, 경기 결과에 따라 언제든 계약이 해지될 가능성이 있는 외국인 선수에게 알아듣지도 못하는 애국가 가사가 무슨 의미가 있을까요?

+Q 프로 스포츠와 애국심

국기, 국가, 국화 등의 국가 상징물은 국제 사회에 한 국가가 존재한다는 사실을 알리기 위해 자기 나라를 잘 알릴 수 있는 내용을 그림, 문자, 도형 등으로 나타낸 공식적인 징표예요. 국가 상징물의 의미를 되새기며 프로 스포츠 경기에서 애국가를 부르고 국민의례를 하는 것에 대한 자신의 의견을 이야기해 봅시다.

올림픽 참가의 목적,
국위 선양일까
개인의 성취와 발전일까?

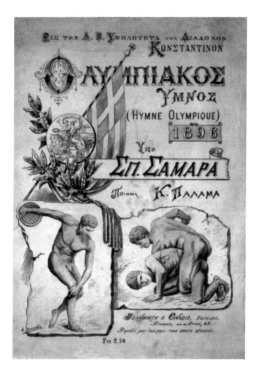

올림픽 찬가는 1896년 그리스의 시인 코르티스 팔라마스가 쓴
시에 작곡가 스피로스 사마라스가 곡을 붙여서 만들었다.

올림픽 시상대를 생각하면 국가와 국기가 자연스럽게 떠오르지요. 그런데 국가 대표가 참가해도 국기와 국가가 없는 국제 대회도 많아요. 윔블던 테니스 대회나 배드민턴 국제 대회 시상식에서 국기와 국가는 등장하지 않아요. 유독 올림픽과 월드컵, 종목별 세계 선수권 대회에서만 국기를 올리고 국가를 연주해요. 국제올림픽위원회 내에서도 이러한 의식이 국가주의를 조장할 수 있다는 우려의 목소리가 있어요.

1894년 국제올림픽위원회가 조직되고, 1896년 제1회 근대 올림픽이 열렸어요. 당시는 유럽 나라들에서 이제 막 국기와 국가가 탄생하던 시기였어요. 우리나라도 18세기에는 국기와 국가가 없었어요. 19세기 말 고종 때에 처음 태극기가 만들어지는데, 전 세계적인 분위기에 따라 국가를 대표하는 깃발과 노래, 군대 제복 등이 필요하게 되었거든요. 올림픽은 이러한 상징들을 더 세련되게 포장하여 애국심을 고취시킬 수 있는 절호의 기회였어요.

국제올림픽위원회는 출발부터 국가 단위로 올림픽을 조직했기 때문에 급속한 부흥과 번영을 이룰 수 있었어요. 하지만 그로 인해 과도한 국가 간 경쟁과 갈등을 부추기고 말았지요. 대표적인 것이 1936년 베를린 올림픽에서 히틀러가 벌인 정치 선전과 1950~60년대 올림픽 선수들이 금지 약물을 상습적으로 사용한 일이에요. 스포츠가 국가 간 경쟁으로 치달으며 약물이 남용되었고 공정성이 무너지고 말았어요.

1945년부터 1972년까지 국제올림픽위원회 위원장을 지낸 에이버리 브런디지는 시상식 때 국가 대신 올림픽 찬가를 부르자고 제안했어요. 그러나 다수의 국제올림픽위원회 위원들이 거부했어요. 그 후로도 여러 차례 국제올림픽위원회 내에서 같은 주장이 나왔지만, 주로 공산권 국제올림픽위원회 위원들이 거부했어요. 1961년 국제올림픽위원회 위원장 브런디지는 국가 연주를 트럼펫 팡파르로 대신하자는 또 다른 제안을 내놓지만 이 역시 거부되었어요. 1963년에는 국제올림픽위원회 위원들의 투표로 결정하자고 하였으나 26대 26 동률이 나와 통과되지 못했어요. 3분의 2 이상이 찬성해야 한다는 규정이 있었거든요. 1971년에는 시상식 국가 연주를 25초로 제한하자는 안건이 나왔지만 깊게 논의되지 못했고, 브런디지가 사임한 1973년 이후에도 논쟁은 계속되었어요.[2]

 국기와 국가 사용 문제는 공산권 국가들과 아시아, 아프리카, 남아메리카 신생 독립 국가들의 거센 반발로 뜻을 이루지 못했어요. 국가주의는 공산권 국가나 신생 독립 국가가 세력을 확장하는 데 더 유효한 도구였으니까요. 그 이후 지금까지도 올림픽, 월드컵 그리고 종목별 세계 선수권 대회 시상식에서는 국기와 국가가 사용되고 있어요.

 국제올림픽위원회 내에서 국가주의를 문제 삼은 이유는 올림픽 정신이 국가를 중심으로 만들어진 게 아니기 때문이에요. 도시를 중심으로 돌아가며 개최지를 선정하고, 올림픽을 세계 평화와 화합의 제전으로 삼고자 했던 초기 올림픽 정신에 따라 지금도 올림픽은 개인 자격으로 출전할 권리를 보장하고 있어요. 문제는 국제올림픽위원회가 근대 올림픽을 국가 간 경쟁을 기본으로 조직하고 세력을 확장하면서 스포츠 축제의 의미가 왜곡되었다는 거예요. 최근에는 다른 나라 국가 대표 팀에 소속되어 뛰거나 아예 국적을 바꾸는 사례도 늘어나고 있어요.

올림픽에 참가하는 선수들이 국가를 대표한다는 책임감으로 경기에 임하는 게 당연한 일일 수 있지만 본인의 성취와 성장을 위해 참가하는 게 스포츠 정신에 더 가까운 것 아닐까요? 우리나라 쇼트트랙 안현수 선수는 러시아로 귀화해 올림픽에 출전했고, 임효준 선수는 중국으로 귀화했어요. 겉으로 드러난 모습만 보면 그들은 개인의 성장과 성취에만 가치를 두고 있는 것 같아요. 하지만 그 이면에는 올림픽 성적을 두고 국력이니 스포츠 선진국이니 하면서 엘리트 체육만을 중시하는 우리 사회의 문제가 있다고 볼 수도 있어요.

올림픽 종목 중 대중에게 인기 있는 스포츠는 몇 개 안 돼요. 금메달을 기대할 수 있는 종목은 더 적고요. 메달이 유력한 특정 종목을 중심으로 국가가 올림픽 금메달 만들기에 전념한다면 정상적인 스포츠 정책이 만들어질 수 있을까요? 올림픽 금메달이 국력이라는 인식도 다시 생각해 볼 문제예요. 국제올림픽위원회 헌장은 '스포츠는 인권'이라고 강조하고 있어요. 전쟁과 차별 없이 평화로운 세상에서 모든 사람이 스포츠를 즐길 수 있는 시설과 환경이 만들어지고, 그 안에서 권리를 누리며 자연스럽게 올림픽의 꿈을 키우는 선수가 자라나는 것이 진정한 '스포츠 인권' 아닐까요? 그런 스포츠 인권이 보장되는 사회야말로 스포츠 선진국이라 할 수 있겠지요.

+Q 메달 지상주의

과거에는 '메달 지상주의', '맹목적 국가주의'에 빠져 성적으로만 선수들을 평가하는 경우가 많았어요. 하지만 최근에는 메달을 따지 못해도 열심히 노력한 선수들에게 찬사를 보내고, 중요한 경기에서 패배해도 '졌지만 잘 싸웠다'고 격려하는 분위기가 많아졌어요. 스포츠뿐만 아니라 우리의 일상에서도 일등에 대한 집착과 집단주의를 극복하기 위해 어떤 노력을 할 수 있을지 생각해 봅시다.

러시아 쇼트트랙 대표 팀의 안현수(빅토르 안) 선수가 2014년 소치 동계 올림픽 쇼트트랙 남자 500미터 결승에서 우승한 뒤 러시아 국기를 들고 링크를 돌고 있다.

한국 국적을 버리고 러시아 국가 대표로 동계 올림픽 쇼트트랙 경기에 나가 금메달을 딴 안현수 선수에 대해 좀 더 이야기해 볼까요?

　2003년부터 2007년까지 5년 연속으로 쇼트트랙 세계 선수권 대회 종합 우승을 차지하고 2006년 토리노 동계 올림픽에서 금메달을 딴 안현수(빅토르 안) 선수가 2011년 러시아로 귀화하자 사회적으로 큰 논란이 되었어요. 그는 한 인터뷰에서 "내 가슴에 어느 나라 국기가 달리든 크게 상관하지 않는다. 운동에 집중하고 싶어서 내린 결정이기 때문이다. 선택을 후회하지 않게 열심히 준비해서 올림픽에서 좋은 모습을 보여 주겠다."라며 귀화 이유를 밝혔어요. 쇼트트랙 선수로서 더 나은 운동 환경과 가능성을 선택한 것이지요.

　2020년 중국으로 귀화한 임효준(린샤오쥔) 선수도 있어요. 그는 국적을 옮긴 뒤 3년이 지나야 올림픽에 참가할 수 있다는 규정 때문에 2022년 베이징 동계 올림픽에는 출전하지 못했으나, 다음 올림픽을 향해 열심히 준비하겠다는 각오를 전하기도 했어요. 반대로 독일 출신의 에일린 프리쉐 선수는 2016년 한국으로 귀화해 한국 국가 대표로 2022년 베이징 동계 올림픽 루지 경기에 참가했어요. 중국에서 귀화해 2008년 베이징 하계 올림픽 여자 탁구 단체전에서 동메달을 딴 당예서 선수도 있지요.

　2022년 베이징 동계 올림픽 중국 아이스하키 대표 팀은 25명

중 19명이 다른 나라에서 귀화한 선수였어요. 1998년 나가노 동계 올림픽 일본 대표 팀에도 8명의 귀화 선수가 있었고, 2018년 평창 동계 올림픽 한국 대표 팀에는 7명의 귀화 선수가 있었어요. 이러한 현상이 동양에서 주로 일어나는 것은 동계 올림픽 개최국의 선수층이 얇은 것이 가장 큰 원인이지만, 국가 입장에서는 전 세계 사람들이 지켜보는 올림픽이니 귀화 선수를 포함해서라도 국제 수준에 이르는 경기력을 갖추어야겠다고 판단했기 때문이에요.

2022년 베이징 동계 올림픽에서 귀화 선수로 특히 주목 받은 선수는 미국에서 중국으로 귀화한 스키 선수 에일린 구(구아이링)예요. 미국인 아버지와 중국인 어머니 사이에서 태어난 에일린 구는 미국에서도 실력을 인정받은 훌륭한 선수였지만 2022년 베이징 동계 올림픽에서 중국 선수로 뛰었어요. 중국으로 귀화하면서 광고를 포함한 스폰서 비용으로 1,200억 정도의 수익을 올렸다고 하니 엄청나지요. 미국과 중국이 정치적 마찰을 빚고 있는 상황에서 중국이 그녀를 정치 홍보 수단으로 적극 이용하자, 미국은 당황할 수밖에 없었어요. 그런데 올림픽이 끝나자마자 그녀는 미국으로 돌아가기로 결정했어요. 다시 미국 국적으로 돌아가는 거냐는 기자의 질문에는 대답하지 않았다고 해요.

개인과 국가 사이에서 무엇을 선택하느냐는 선수 개인의 몫이지만, 이것이 가능할 수 있는 것은 올림픽이 개방적인 규정을 가지고 있기 때문이기도 해요. 국제올림픽위원회는 이중 국적 선수들이 하나의 국적을 택해 올림픽에 참가하도록 허용하고 있어요. 올림픽 헌장에도 이 부분이 정확하게 명시되어 있어요. "올림픽 대회의 경기는 국가 간의 경쟁이 아닌 개인전 또는 단체전을 통한 선수들의 경쟁이다."라고요. 그래서 공식적으로 국적을 바꾸어 올림픽에 참가한 선수에 대해서 제재는커녕 그렇게 해서라도 올림픽에 참가하는 데 더 큰 의의를 두는 것이지요. 올림픽과 달리 월드컵에서는 처음 자신이 선택한 국가에서 대표로 선발되면 그 다음부터는 다른 국적으로 바꾸어 뛸 수 없다는 규정이 있어요. 무분별한 귀화를 방지하기 위한 조치인데, 올림픽과 월드컵의 규정이 다른 것도 흥미로워요.

올림픽은 국가 단위로 참가해 국가와 체제의 우월성을 선전하며 성장한 측면이 있기 때문에 선수들 유니폼에 국기가 붙어 있고, 우승한 선수는 국기를 들고 환호하는 관중들에게 인사를 건네는 관습이 있어요. 올림픽 헌장에서는 분명 국가 간의 경쟁이 아니라고 했지만, 현실에서는 국가 간의 경쟁이 눈에 띄게 드러나지요. 그렇기에 선수들이 국적을 바꾸는 사례는 앞으로 더 늘어날 가능성이 커요.

올림픽에서 아마추어 정신이 사라진 지 오래되었고, 돈, 명예와 직접 연결되는 프로 세계와 그다지 구분되지도 않기 때문에 에일린 구 선수처럼 금전적 이익이나 선수 생활 지속 여부 등을 이유로 귀화를 택하는 선수가 계속 나올 거예요. 많은 스포츠 팬들이 에일린 구 선수를 불편한 시선으로 바라보더라도 그 선수를 올림픽에 참가하지 못하게 할 수는 없어요. 모든 게 선수 개인의 선택이고 국제올림픽위원회는 선수의 선택을 존중하며 출전권을 보장할 뿐이에요.

+Q 스포츠와 국적

세계 축구계에서 귀화 선수는 아주 흔합니다. 많은 나라에서 전력 강화를 위해 외국인 선수들을 귀화시켜 각종 국제 대회에 출전시키고 있어요. 한국 프로 축구에도 귀화 선수가 있지만 아직 태극 마크를 단 선수는 없는데요, 그 이유는 무엇일까요? 한국 축구 국가 대표 팀이 더 좋은 성적을 내기 위해 유럽, 남미 등에서 적극적으로 귀화 선수를 받아들이기로 했다면 어떤 생각이 들지 이야기해 봅시다.

러시아가 ROC로 올림픽에 참가한 이유는?

러시아올림픽위원회 깃발. 러시아는 2020년 12월 도핑 샘플을
조작한 사실이 드러나 2년간 국제 대회 출전권을 박탈당했다.

2018년 평창 동계 올림픽에서 러시아는 러시아라는 이름 대신 러시아올림픽선수단Olympic Athlete from Russia, OAR이라는 이름으로 참가했어요. 2020년 도쿄 올림픽과 2022년 베이징 동계 올림픽에서는 러시아올림픽위원회Russian Olympic Committee, ROC로 올림픽에 참가했고요. 본래 국제올림픽위원회가 승인한 206개의 국가올림픽위원회는 각 나라마다 자국의 올림픽위원회를 조직하고 자국을 대표해서 올림픽에 참가해야 해요. 그런데 2014년 소치 동계 올림픽에 참가했던 러시아 선수들이 조직적으로 금지 약물을 사용한 사실이 드러나 국제올림픽위원회가 러시아의 올림픽 참가를 금지시켰어요. 그러나 모든 선수들이 금지 약물을 사용한 것은 아니기에 개인 자격으로 올림픽에 참가할 수 있는 문은 열어 두었지요. 대신 유니폼에 러시아 국기나 국호를 나타낼 수 없고, 시상식에서는 국가와 국기 대신 올림픽기와 올림픽 찬가를 사용하게 했어요.

러시아는 베이징 올림픽이 폐막한 지 며칠 지나지 않은 2022년 2월 24일 우크라이나를 침공했어요. 24일은 유엔이 채택한 올림픽 휴전 결의안에 따라 휴전 기간으로 선포된 날이었는데 전쟁을 일으킨 거예요. 유엔은 1993년부터 2년마다 올림픽 휴전 결의안을 채택하고 있어요. 휴전 결의안이 채택되면 올림픽 기간 전후(개막 7일 전, 패럴림픽 폐막 7일 후)가 휴전 기간으로 선포돼요. 2018 평창 동계 올림픽에서도 올림픽 휴전 결의안이 채택되자 남북은 군사 훈련을 중단했어요. 북한의 고위급 인사들도 판문점을 넘어 편하게 남쪽으로 내려올 수 있었고요. 휴전 기간 중에 러시아가 전쟁을 일으키자 국제올림픽위원회는 "올림픽 휴전 협정을 위반한 러시아 정부를 강력히 규탄한다."라며 추가 제재 가능성을 시사했어요.

올림픽 헌장은 올림픽이 국가 간의 경쟁이 아니라, 개인전 또는 단체전을 통한 선수들 간의 경쟁이라고 명시하고 있어요. 개최 장소도 영국 올림픽, 일본 올림픽이 아니라 런던 올림픽, 도쿄 올림픽처럼 국가가 아닌 도시를 내세우고요. 냉전 시대에는 국제올림픽위원회가 모든 시상식에서 국기와 국가 대신 올림픽기와 올림픽 찬가를 사용하는 안건을 검토하기도 했어요. 지금 러시아 선수들이 러시아올림픽위원회 소속으로 올림픽에 참가하고 올림픽기와 올림픽 찬가를 사용하는 것은 제재라기보다 선수 개인의 참여 의사를 존중하고 보호하는 올림픽 정신의 발현이라고 할 수 있어요.

자국 국기와 국가를 세계인이 보는 시상대에 내보이고 싶은 것은 한 국가의 정체성과 정통성을 국제 사회에서 인정받으려는 의도 때문이에요. 중국은 1932년 중화민국으로 처음 올림픽에 참가했지만, 1949년 중국 내 전쟁(국공내전)에서 중국공산당이 승리하며 국호를 중화인민공화국(중공)으로 바꿨어요. 이후 중공이 중국을 대표하게 되자 중화민국(대만)은 국가 정체성이 모호해졌지요. 국제올림픽위원회가 대만을 계속 인정하려 하자 중공은 이에 항의하며 1958년 국제올림픽위원회를 탈퇴하고 올림픽에 참가하지 않았어요. 대신 제3세계 국가들과 뜻을 모아 올림픽에 대항하는 의미로 만든 가네포Games of the New Emerging Forces, GANEFO 대회에 집중했어요. 그 사이 대만은 꾸준히 올림픽에 참가하고 있었고요. 그런데 1971년 유엔에서 중공을 중국의 대표 국가로 인정했고 대만은 퇴출되었어요. 국제 사회에서 힘이 커지자 중공은 '하나의 중국'을 강력히 주장하며 1979년 다시 국제올림픽위원회에 가입했어요. 1984년 로스앤젤레스 올림픽에 중공은 China로, 대만은 Chinese Taipei로 참가했어요. 대만은 러시아처럼 대만 올림픽위원회 소속 선수로 올림픽에 참가했기에 국가가 연주되지 못했어요. 한편, 홍콩은 1952년부터 독립 국가올림픽위원회로 올림픽에 참가해 오다 1997년 영국에서 중국으로 반환되면서 Hong Kong, China로 올림픽에 참가하고 있어요. 홍콩은 올림픽 시상대에서 국기 대신 지역구 깃발을 사용하고, 국가는 중국 국가를 사용해요.

국가올림픽위원회의 기본 단위는 국가예요. 국가올림픽위원회는 국제올림픽위원회의 승인을 받아야 하는데, 국제올림픽위원회 승인은 곧 하나의 독립된 국가로 인정받았다는 의미예요. 국제올림픽위원회가 없는 상황에서 올림픽 참가를 원한다면 개인 자격으로 참가해야 하는데, 종종 이슬람권 선수나 난민 국가 선수들이 국제올림픽위원회 없이 개인 자격으로 참가하는 경우가 있어요.

만약 우리나라 선수들이 대한민국 대표 선수단이라는 표현 대신 대한올림픽위원회Korean Olympic Committee, KOC 소속 개인 선수로서 올림픽에 참가하고, 시상식에 태극기 대신 올림픽기가, 애국가 대신 올림픽 찬가가 사용된다면 어떤 느낌이 들까요?

+Q 스포츠와 국가 정체성

시상식에 국기와 국가가 사용되지 않는 국제 대회도 많이 있어요. 그런 대회에는 어떤 것이 있는지 찾아보고 그 이유를 생각해 봅시다. 또 모든 선수가 소속 국가 없이 개인 자격으로 올림픽에 참가하게 되면 어떤 변화가 일어날지 상상해 봅시다.

스포츠 선수의 병역 혜택, 국위 선양의 기준은 어디까지일까?

체육회, 作業서 둘러

국가代表선수 兵役특혜건의

등의 병역특례를 규정한 병

대한체육회는 체육특기자

제7회 테헤란 아시안 게임 이후 올림픽 등 국제 대회에서 입상 가능한 선수들의
병역 특혜를 건의한 신문 기사

"그토록 갈망했던 금메달을 땄구나"

"사상 최초의 애국가"

"양 선수 2계급 특진, 종신 사원 대우"

"양정모 최고체육훈장"

"시청 광장서 범국민적 환영식"

"금메달에 월 12만원"

1976년 8월 2일 몬트리올 올림픽 레슬링 결승에서 양정모 선수가 금메달을 따자 하루 동안 수많은 신문 기사가 쏟아졌어요. 양정모 선수의 금메달은 우리나라처럼 작은 나라에도 전 세계인과 경쟁하여 우승을 하고 올림픽에서 태극기와 애국가를 선보일 수 있다는 자긍심을 심어 주었어요. 특집 방송이 며칠씩 이어질 정도로 온 나라가 들썩인 경사였지요. 대한체육회장은 양정모 선수에게 1억 원을 주기로 했어요. 지금도 그렇지만 당시에는 정말 어마어마한 금액이었지요. 그런데 국제올림픽위원회가 아마추어 규정에 어긋난다고 지적했고, 장기영 국제올림픽위원회 위원이 그 상금은 기념관을 건립하는 기금이라며 서둘러 수습했어요.

양정모 선수의 금메달은 1936년 베를린 올림픽에서 손기정 선수가 일장기를 달고 딴 금메달 이후 처음이었어요. 대한민국 정부가 세워지고 처음 딴 올림픽 금메달이라는 것 외에 당시 지도층 사람들에게는 일반인들이 모르는 또 다른 기쁨이 있었어요.

4년 전인 1972년 뮌헨 올림픽에서 북한이 우리보다 먼저 금메달을 땄어요. 북한의 리호준 선수가 50미터 소총 복사 종목에서 당시 세계 신기록을 세우며 우승을 차지했어요. 1948년부터 올림픽에 나갔던 우리가 그토록 바라던 금메달의 꿈을 올림픽에 처음 출전한 북한이 먼저 이룬 거예요. 가뜩이나 남과 북이 원수처럼 지내던 시절이라 북한의 금메달 소식에 한국 정부 관계자들은 큰 충격을 받았고, 한국 정부는 다음 올림픽에서 반드시 금메달을 따기 위해 여러 정책들을 만들었어요. 그 첫 번째가 연금 정책이에요. 금메달을 따면 평생 매월 12만 원의 연금을 주기로 했어요. 당시 공무원 월급이 5만 원 정도였으니 그 두 배 이상이었던 거지요. 거기에 상금만 대략 1억 원이었어요. 하루아침에 인생 역전, 벼락부자가 될 수 있었지요. 그리고 1973년에는 병역 의무를 면제해 주는 제도가 생겼어요. 양정모 선수는 금메달로 이 모든 혜택을 받았고, 정책을 만든 지도층은 국가적 목표를 이루었으니 모두에게 좋은 결과였지요.

지금은 물가 상승에 따라 연금액도 커지고 연금을 받는 사람의 숫자도 천 명을 넘게 되어 국가 재정에 부담이 생겼어요. 그래서 연금 최대 액수가 월 100만 원을 넘지 못하게 제한하고 있어요. 대신 일시금으로 금메달은 6천만 원가량의 포상금을 받아요. 협회나 경기 단체에서 주는 상금은 각기 달라서 다소 차이가 나긴 하지만 다 합치면 대략 2억 원은 된다고 해요. 적은 액수는 아니지요.

다른 나라는 어떨까요? 금메달의 경우 싱가포르는 약 8억 원, 이탈리아는 약 3억 원, 프랑스는 약 9천만 원, 일본은 약 7천만 원, 미국은 약 6천만 원, 스위스는 약 5천만 원, 독일은 약 3천만 원을 포상금으로 지급하고 있어요. 독일의 경우는 8위까지 상금을 준다고 해요.[3]

병역 혜택은 좀 다른 문제예요. 징병제를 실시하지 않는 나라들은 해당되지 않지만, 우리처럼 징병제를 실시하는 대만과 이란에서는 병역을 면제해 주고 있어요. 우리의 경우 올림픽에서 메달을 따면 병역 면제 혜택을 받아요. 그런데 갈수록 병역 혜택에 대한 형평성 논란이 심각해지고 있어요. 2020년 도쿄 올림픽 야구에는 총 6개 팀이 참가했어요. 여기서 3등이면 병역 혜택을 받을 수 있었는데, 다른 종목과 비교했을 때 불공평하다는 이야기가 충분히 나올 만했지요.

병역 혜택 제도가 처음 도입될 때는 예술·체육 분야로 국한해서 올림픽과 국제 음악 경연 대회 우승만 인정했어요. 그런데 국제 대회가 없는 미술, 국악, 한국 무용 분야에서 불만의 소리를 내자 그 분야도 포함시켰어요. 병역 혜택은 해를 거듭하며 변화해 왔는데, 최근에는 가수 BTS의 병역 혜택을 두고 논란이 있었어요. 국위 선양으로 치자면 사실 올림픽 금메달과 비교할 수 없는 파급력인데도, 대중문화의 영역에서 국위 선양을 인정할지 말지 기준을 놓고 논란이 계속되었지요. 결국 BTS는 군대에 가기로 결정했고요.

과거나 지금이나 군 면제의 기준은 '국위 선양'과 '문화 창달'이에요. 나라의 명예를 드높이고 문화 강국으로 만드는 데 이바지한 이들에게 적절한 보상을 해 주는 것에 반대하는 사람은 없을 거예요. 그런데 우리는 과거보다 다양한 영역에서 국위 선양을 하는 시대에 살고 있어요. 21세기를 살아가는 우리에게 과거의 기준이 딱 맞을 리가 없지요. 2021년 6월 새로 개정된 「국민체육진흥법」에는 매우 중요한 시사점이 있어요. 제1조 목적에서 '국위 선양'이란 단어가 빠지고 연대감, 공정, 인권, 행복, 공동체 같은 단어들이 새로 들어갔거든요. 국위 선양과 개인의 행복. 여러분은 올림픽 금메달이 어느 쪽에 더 무게가 있다고 생각하나요?

+Q 병역 특혜 논란

올림픽 메달리스트에게 군 면제 혜택을 계속 주어야 한다고 생각하나요? 스포츠 말고 다른 영역에서 국위 선양과 문화 창달에 기여하는 사례가 늘어 가는 요즘, BTS의 병역 혜택 논란에 대한 여러분의 생각을 말해 보세요.

남북 최초 당국자 회담이 '체육' 문제로 열렸다고?

2018년 평창 동계 올림픽 개회식 남북 공동 입장 장면. 하늘색 한반도기가 넓게 펼쳐져 있다.

스포츠에 해박한 지식이 있는 사람들도 남북한 스포츠 교류나 남북 단일팀 문제가 나오면 쉽게 의견을 내지 못해요. 의견을 내 봤자 씁쓸한 결론에 이를 수밖에 없고요. 언젠가는 통일을 해야 하니 단일팀부터 구성해서 좋은 성적을 내면 좋은 거 아닌가 싶지만, 우리 쪽 선수들의 피해가 예상된다면 곤란하지요.

그동안 남북 단일팀 문제는 정부가 주도해 왔어요. 정치적 판단에 따라 단일팀을 구성하기도, 의도적으로 회피하기도 했지요. 정부가 주도한 만큼 선수들은 단일팀 구성에 의견을 낼 수 없었어요. 하지만 2018년 평창 동계 올림픽 단일팀 구성을 논의하며 통일도 중요하지만 개인의 권리가 침해되어서는 안 된다는 주장에 무게가 실리면서 정부의 의지만으로 단일팀을 추진하는 시대가 지났다는 것을 보여 주었어요. 공정과 인권은 올림픽에서 가장 중요한 정신이니까요.

그럼 과거에는 단일팀을 어떻게 구성했고 어떤 시도가 있었는지 살펴볼까요? 남한은 1948년 런던 올림픽부터 참가 자격을 얻은 반면 북한은 대한올림픽위원회를 통해서 나갈 수는 있었지만* 남북이 분단된 상태라 쉽지 않았어요.[4] 그래서 1956년 국제올림픽위원회는 남한과 북한에게 단일팀을 구성해서 올림픽에 나오라고 권유했어요. 남한은 북쪽에서 남쪽으로 내려온 선수를 포함하고 있으니

---

* 1947년 국제올림픽위원회는 대한올림픽위원회를 잠정적으로 승인하면서 북한 선수와도 함께 올림픽에 나올 것을 요구했다.

남북이 함께하고 있는 거나 마찬가지라고 항변했지만, 국제올림픽위원회는 실제 북한에 살고 있는 선수들과 단일팀을 구성하길 바랐어요. 북한도 남한 정부에 계속해서 단일팀 구성을 제안했고요. 하지만 6.25 전쟁이 멈춘 지 3년밖에 되지 않았고, 적대적인 감정이 가시지 않는 상황이었기에 단일팀을 받아들이기가 쉽지 않았어요. 그렇다고 단일팀을 거부했다가는 북한이 단독으로 올림픽에 나가게 될 테니, 그 상황도 용납하기 어려웠고요.

결국 국제올림픽위원회는 1963년 1월 24일 로잔에서 남북 당국자들을 모아 단일팀 회담을 열었어요. 분단 이후 처음 하는 체육 회담이었지요. 국제올림픽위원회가 중재할 때는 그나마 점잖게 진행되었지만, 이후 5월과 7월에 홍콩에서 국제올림픽위원회 없이 남북 당국자 대표들만 만났을 때는 팽팽한 신경전만 벌이다 소득 없이 끝나고 말았어요. 결국 1963년 10월 국제올림픽위원회는 북한의 단독 올림픽 참가 자격을 허락했어요.

이후에도 북한은 계속 단일팀을 제안했지만 우리는 개별 팀 참가를 고수했어요. 1979년 평양에서 열린 세계 탁구 선수권 대회, 1984년 로스앤젤레스 올림픽, 1988년 서울 올림픽, 1990년 베이징 아시안 게임까지 북한은 계속 단일팀 구성을 원했고, 우리는 번번이 거절했어요.[5] 1990년 베이징 아시안 게임을 앞두고는 무려 9차 회담까지 열렸지만 결국 실패하고 말았어요. 하지만 이 회담에서 남과 북 모두 하늘색 한반도기를 사용하기로 합의했어요.

그리고 바로 다음 해인 1991년 4월 지바 세계 탁구 선수권 대회와 6월 포르투갈 세계 청소년 축구 선수권 대회에서 드디어 남북 단일팀이 모습을 드러냈어요. 탁구 여자 단일팀은 단체전에서 세계 최강 중국을 이기고 우승을 차지했고, 축구 팀은 예선에서 우승 후보 아르헨티나를 꺾으며 8강에 진출했어요. 언론에서는 '남북의 작은 통일'이었다고 찬사를 보냈어요.

이때 남북 단일팀이 가능했던 이유는 우리가 그동안 반대만 해 오던 방침을 바꿔 북한의 제안을 다 받아들이기로 했기 때문이에요. 1988년 서울 올림픽 성공 이후 자신감에 차 있었거든요. 그러나 단일팀 구성의 감격은 그걸로 끝이었어요. 이후에는 남한이 꾸준히 단일팀을 제안했지만, 북한이 부정적인 반응을 보였거든요. 그러다 2018년 평창 동계 올림픽에서 여자 아이스하키 단일팀을 이루게 돼요. 준비 과정이나 분위기가 1991년 같지는 않았지만요.

2018년에는 정부가 아닌 협회 주도로 단일팀을 구성한 사례가 몇 차례 있었어요. 스웨덴에서 열린 세계 탁구 선수권 대회 8강에서 남북이 만나자 경기장에 있던 남북의 탁구 임원들이 모여 단일팀을 구성하기로 의견을 모았고, 경기 주관 단체와 다른 국가들이 찬성하여 바로 4강 경기로 이어지게 되었지요. 아쉽게도 4강에서 일본에 지고 말았지만, 1991년의 경험이 있었기에 짧은 시간에도 불구하고 신속하게 단일팀을 구성할 수 있었어요.

2018년 대전에서 열린 국제 탁구 대회에서는 단일팀이 남녀 혼

복식 경기에서 우승했고, 2018년 자카르타-팔렘방 아시안 게임에서는 카누 용선 500미터 경기에서 남북 여자 단일팀이 금메달을 땄고, 여자 농구에서도 단일팀이 은메달을 땄어요.

과거 역사를 돌아보면, 남북 단일팀 구성은 모두 정부의 일이었어요. 그러나 이제는 종목별 협회나 민간 영역에서도 충분히 잘 해 내고 있어요. 남북이 정치적으로 어려운 상황에 있는 것은 사실이지만 스포츠만큼은 정치에 영향을 받지 않고 독자적인 영역으로 교류할 수 있는 가능성을 꾸준히 보여 주고 있어요.

+Q 남북 단일팀을 둘러싼 논란

2018년 평창 동계 올림픽에 여자 아이스하키가 남북 단일팀으로 참가했어요. 올림픽 역사상 첫 단일팀이라는 의미가 있지만, 논란도 많았어요. '평화 올림픽'이라는 명분이 중요하다는 의견과 팀워크가 중요한 경기의 특성을 고려하지 않고 우리 대표 선수의 희생을 강요했다는 의견이 팽팽하게 대립했거든요. 관련 내용을 더 조사해 보고, 남북 단일팀 구성에 대한 자신의 생각을 이야기해 보세요.

 **남북 단일팀이 메달을 따면
어떤 노래가 울려 퍼질까?**

1989년 3월 판문점에서 열린 제1차 남북 체육 회담에서 남북 대표단이 악수를 하고 있다.

만약 남북 단일팀이 우승 시상대에 오르면 어떤 노래가 울려 퍼질까요? 남한 선수가 우승하면 애국가를, 북한 선수가 우승하면 북한 국가를 틀까요? 번갈아 가며 틀까요? 정답은 「아리랑」이에요. 의아할 수도 있지만, 남북이 오랫동안 함께 불렀던 노래이기 때문이지요. 하지만 아쉽게도 「아리랑」이 울려 퍼진 건 딱 두 번뿐이에요. 1991년 세계 탁구 선수권 대회 시상식과 2018년 자카르타-팔렘방 아시안 게임 여자 카누 500미터 시상식에서 「아리랑」이 울려 퍼지며 한반도기가 올라갔어요. 그런데 왜 「아리랑」이고 왜 한반도기일까요?

1963년 1월 24일 스위스 로잔에서 남북 당국자들이 전쟁 후 처음으로 만나 1년 뒤에 있을 1964년 인스브루크 동계 올림픽과 도쿄 하계 올림픽 남북 단일팀 문제를 논의했어요. 어색한 분위기 속에서 타협이 쉽지 않았는데, 의외로 「아리랑」은 쉽게 결정되었어요. 이후 1991년까지 약 20여 차례 단일팀 회담이 있었지만, 단가를 바꾸자는 말은 한 번도 나오지 않았지요.

단일기는 1963년 1월 로잔 회담 이후 논의되었어요. 북한은 한반도 지도 모양에 오륜 마크를 넣자고 제안했고, 남한은 태극기를 제안했어요. 하지만 국제올림픽위원회가 둘 다 단일기로 적절치 않다고 하여 결국 오륜 마크에 'KOREA'를 넣는 것으로 결정되었어요.

북한이 제안한 단일기 안(왼쪽)과 국제올림픽위원회가 최종 결정한 단일기 안(오른쪽)

한동안 단일기에 대한 구체적인 논의가 이루어지지 않다가 1990년 베이징 아시안 게임 남북 단일팀 구성 회담에서 북측은 흰색 바탕에 황토색 한반도 지도를 그리고 그 아래 푸른색이나 붉은색으로 'KORYO'라고 쓰자고 제안했고, 남측은 흰색 바탕에 녹색 한반도 지도를 그리고 그 밑에 'KOREA'라고 쓰자고 제안했어요. 한반도 지도는 통일된 나라를 상징하기에 남북 모두 흔쾌히 동의했어요. 그리고 2차 회담에서 북측이 단일기를 하늘색으로 하자고 제안했어요. 우리 민족의 기상을 보여 주는 백두산 천지와 한라산 백록담의 푸른 물결을 의미하고, 우리 민족의 희망과 포부, 평화를 담은 색이라는 이유였지요. 남측은 좀 더 연구해 보자며 대답을 미뤘고, 대신 단일기에서 글자를 빼는 안이 합의되었어요. 3차 회담에서 남측이 하늘색을 받아들이며 드디어 단일기 합의에 이르게 돼요. 이때 울릉도, 독도, 마라도 섬들은 어떻게 표시할 것인지 논의하다 결국 제주도만 넣기로 했는데, 이때 울릉도와 독도를 넣는 것에 합의했으면 어땠을까 하는 생각이 들어요.

이 회담은 9차까지 열렸지만 아쉽게도 단일팀 구성에는 실패했어요. 하지만 남북의 관중들은 베이징 경기장에서 처음으로 함께 「아리랑」을 부르고, 단일기를 흔들면서 공동 응원을 펼쳤답니다. 별명이 '뽀빠이'인 연예인 이상용이 열정적으로 남북 공동 응원을 펼쳐서 많은 사람들에게 감동을 주기도 했어요. 이때부터 지금까지 남북 단일팀뿐만 아니라 남북 정상 회담 등 평화와 통일을 이야기하는 자리에는 어김없이 하늘색 한반도기가 등장해요. 이제는 모두 거부감 없이 받아들이는 남북 행사의 상징이 되었어요.

통일이 된다면 한반도기와 「아리랑」은 역사 속으로 사라질지도 몰라요. 새로운 희망과 미래를 담은 깃발과 노래를 다시 만들어야 할 테니까요. 그때가 오면 우리는 어떤 국기와 국가를 사용하게 될까요?

+Q 국기와 국가에 담긴 메시지

남과 북이 통일된다면 통일 국기와 국가에 어떤 것들이 들어가면 좋을까요? 국기와 국가에 담고 싶은 메시지를 생각해 보고,
1. 남북 통일 국기를 그려 봅시다.
2. 남북 통일 국가의 가사(후렴구)를 써 봅시다.

태권도, 한 뿌리에서 두 갈래로 나뉘어진 사연은?

한국 주도로 성장한 세계태권도연맹과 북한을 주축으로 발전한 국제태권도연맹의 태권도 시범단이 평양 태권도 전당에서 합동 시범 무대를 펼치고 있다.

세계 어느 나라든 태권도 경기에서 사용하는 언어는 모두 한국어예요. 텔레비전 중계방송을 보면 외국인 심판들이 '차려', '준비', '시작', '그만' 같은 우리말을 하는 걸 들을 수 있을 거예요. 신기하기도 하고 낯설기도 하지요. 스포츠 경기의 용어들은 대부분 영어지만 몇몇 종목에서는 다른 언어가 사용돼요. 유도, 펜싱, 태권도가 그런 경우예요. 유도 경기에서는 시작은 '하지메', 그쳐는 '맛테', 절반은 '와자리', 한판은 '잇폰' 등 모두 일본어를 사용해요. 펜싱에서는 종목 이름인 '플뢰레, 에페, 사브르'부터 경기 진행 용어까지 모두 프랑스어를 사용하고요. 그 종목이 처음 시작된 나라의 지위를 확고하게 보여 주는 의도에서 그렇게 정해진 거예요.

태권도에서 종주국의 자존심을 살려 한국어를 국제화한 것은 정말 대단한 일이에요. 그런데 태권도가 국제 사회에서 하나가 아니라는 사실을 알고 있나요? 태권도에는 세계태권도연맹World Taekwondo, WT과 국제태권도연맹International Taekwondo Federation, IFT 두 개 단체가 있는데, 경기 방식이 조금씩 달라요. 남한은 세계태권도연맹에, 북한은 국제태권도연맹에 가입되어 있어요.

국제태권도연맹이 먼저 생겼고, 세계태권도연맹이 후에 생기면서 두 개가 되었는데, 올림픽에서는 세계태권도연맹의 방식을 따르고 있어요. 국제태권도연맹 소속 선수들은 올림픽에 참가할 수 없는 거지요.

해방 후 우리나라에는 여러 무술 협회가 있었어요. 공수도, 당

수도, 화수도, 권법 등 다양한 이름으로 불리던 무술을 1950년대 최홍희가 태권도라는 명칭으로 통일했어요. 1961년 대한태수도협회가 만들어지고, 1965년에 대한태권도협회로 변경되면서 오늘에 이르게 돼요. 최홍희는 1971년 국제태권도연맹을 만들어 유럽과 동남아 등 국제 사회에 태권도를 전파하기 시작하는데, 이 과정에서 사범들의 해외 파견, 단증 발급, 품새 통합 등의 문제로 내부 갈등이 빚어져요. 그러자 당시 청와대 경호차장을 지냈던 김운용이 대한태권도협회 회장을 맡아 이런 갈등을 해결해요. 그는 1972년에 국기원을 만들며 최홍희가 만든 국제태권도연맹과 공식 결별을 하고, 새로 세계태권도연맹을 만들어 1973년에 제1회 세계 태권도 선수권 대회를 개최했어요.

한국에서 밀려난 최홍희는 1972년에 캐나다로 망명하여 세계태권도연맹과 별도로 국제태권도연맹이 주관하는 태권도 세계 선수권 대회를 개최하는 등 세력을 넓히고자 했어요. 1979년에는 북한을 방문해 태권도 시범을 보였고, 이후 북한에 태권도를 보급하기 시작해요. 최홍희가 태권도를 처음 보급한 장본인이기에 북한은 태권도의 정통성이 북한에 있다고 주장하며 본격적으로 세계태권도연맹과 경쟁을 시작하지요. 이때부터 두 단체는 치열하게 스포츠 외교전을 펼치며 세력 싸움을 해 왔어요.

1981년 서울이 1988년 하계 올림픽 개최지로 확정되자 최홍희는 국제태권도연맹과 세계태권도연맹의 통합을 제안하면서 태권도를 하나로 합치려고 노력해요. 하지만 1985년 세계태권도연맹이 1988년 서울 올림픽 시범 종목으로 승인받게 되면서 통합 논의가 사라지고 말아요. 국제태권도연맹도 올림픽 종목 채택을 위해 노력을 했지만 국제 사회에는 이미 세계태권도연맹의 입지가 탄탄했어요. 태권도는 2000년 시드니 올림픽부터 정식 종목이 되어 지금까지 이어져 오고 있어요. 그렇다고 국제태권도연맹이 사라진 건 아니에요. 세계태권도연맹과는 다른 방식으로 꾸준히 태권도 세계 대회를 개최하면서 명맥을 유지하고 있지요.[6]

그렇다면 남북의 태권도 즉, 세계태권도연맹과 국제태권도연맹의 태권도에는 어떤 차이가 있을까요? 둘 다 민족 고유의 정신에 기초하고 있지만, 용어나 자세, 경기 방식에서 큰 차이가 있어요.[7]

먼저 용어에서, 공격과 방어의 기본 기술을 연결한 연속 동작을 우리는 '품새'라고 하고 북한은 '틀'이라고 해요. 우리 태권도 품새는 유급자 품새인 태극 1장부터 8장과 고려, 금강, 태백 등 9개의 유단자 품새가 있는데, 동작에 절도가 있고 화려한 것이 특징이에요. 북한은 천지, 단군, 도산, 원효, 율곡, 중근, 퇴계, 화랑, 충무, 세종, 통일 등 24개 틀이 있고 끊는 동작마다 숨소리를 넣어요.

북한에서는 겨루기를 맞서기라 하는데, 우리가 손으로 얼굴을 가격하는 것을 금지하는 것과 달리 얼굴 가격이 중요한 기술이에요. 또 격파는 위력으로, 시범 경연은 특기와 호신 경기로 불러요. 우리는 격파 시범에서 화려한 기술로 얇은 나무판을 격파하지만,

북한은 두꺼운 나무를 사용하고 때로는 10센티미터 두께 나무판을 발로 격파하는 등 힘을 강조해요. 보는 사람에 따라서 북한의 격파는 차력 같기도 하지요.

남북의 정치적인 이유로 태권도 통합 논의가 쉽지 않은 상황이지만, 2015년 5월 12일 러시아 세계 태권도 선수권 대회 개막식 행사에서 남북 태권도의 첫 합동 시범이 있었어요. 2017년 무주에서도 남북 태권도 시범이 있었고, 2018년에는 남과 북이 서로 오가며 시범 경기를 펼쳤어요. 또 2018년부터 최근까지 남북한 공동으로 태권도를 유네스코 인류 무형 문화유산에 등재하고자 노력하고 있어요. 하나의 뿌리에서 나온 만큼 태권도 통합은 우리 민족에 주어진 커다란 과제라고 할 수 있어요.

+Q 남북 문화의 단일성과 다양성

남과 북의 태권도는 50여 년 동안 각자 다르게 발전해 왔어요. 남과 북의 태권도가 어떻게, 얼마나 다른지 영상 자료를 찾아보고, 이 둘을 하나로 통합하는 것이 다양성을 해치는 것은 아닐지, 하나의 민족으로서 단일한 문화를 지향하는 것이 옳은지 자신의 생각을 말해 봅시다.

독립운동가 여운형과 『임꺽정』을 쓴 홍명희의 공통점은?

조선체육회 초대 회장을 지낸 여운형(왼쪽)과
북한 올림픽위원회 위원장을 지낸 홍명희(오른쪽)

독립운동가 몽양 여운형은 1886년 경기도 양평에서 태어나 해방 후에도 남쪽에서 살면서 남한 단독 정부 수립을 반대하며 남북의 분열된 정치를 하나로 통합하려고 노력했던 분이에요. 『임꺽정』을 쓴 소설가 벽초 홍명희는 1888년 충북 괴산에서 태어나 독립운동을 하다 해방 후 북으로 올라간 뒤 북한 초대 부수상까지 지낸 인물이고요.

비슷한 시기 태어나 비슷한 삶을 살다 간 두 사람에게는 또 다른 공통점이 있는데, 각각 남과 북 체육회 회장을 지냈다는 점이에요. 보통 '체육회장' 하면 운동을 했던 사람들이 하는 것 아닌가 생각할 법한데, 이 둘은 체육과는 거리가 먼 사람들이었어요. 사실 이들만 그런 것은 아니고 과거부터 체육회장들은 대부분 정치인들이나 재력 또는 권력을 가진 사람들이 맡았어요. 여운형은 1945년 11월부터 1947년 사망하기 전까지 초대 조선체육회(現 대한체육회) 회장을 지내며 우리나라가 KOREA란 이름으로 국제올림픽위원회에 가입하는 데 중요한 역할을 했어요. 당시 국제올림픽위원회 위원장 브런디지와 주고받은 편지에서 여운형이 우리나라의 국제올림픽위원회 가입과 올림픽 참가를 위해 전경무라는 사람을 국제올림픽위원회에 보냈다는 사실을 확인할 수 있어요. 그러나 전경무가 일본에서 비행기 추락 사고로 사망하자, 다시 재미 교포 이원순을 대표로 보내요. 그리고 마침내 1947년 국제올림픽위원회의 공식 승인을 성공적으로 받아내요. 그런데 그것은 조건부 승인이었어요. 남과 북으로 분단되어 있는 상황에서 남쪽에만 올림픽 참가 자격을 줄 수 없다는 이유였어요.

브런디지 국제올림픽위원회 위원장은 "국제올림픽위원회 승인은 조건부 승인이고, 한국 정부가 수립되면 다시 검토될 것이다. 한국에서는 하나의 조직만 승인되니 북쪽의 선수들 또한 포함하기를 희망한다(1947. 7. 10.)."라고 여운형에게 총회 결과가 담긴 편지를 보냈어요.[8] 이 편지를 받고 9일 뒤 여운형은 서울 한복판에서 괴한의 총에 맞아 사망하고 맙니다. 남북이 함께 올림픽에 참가할 명분을 가지고 일을 추진하던 분이 갑작스럽게 사라지게 된 거예요. 그래서 1948년 런던 올림픽은 남한 선수들만 참가하는데, 초대 국제올림픽위원회 위원인 이기붕은 북한 선수를 포함하라는 국제올림픽위원회 권고를 의식해 북한에서 남쪽으로 내려온 선수들이 포함되어 있다는 변명을 하지요.[9] 그래도 대한민국 국호로 처음 나간 하계 올림픽*이니 그 자체로 가슴 벅찬 일이었어요. 그 감격의 중심에 여운형이 있었고요.

홍명희는 북한으로 넘어 간 뒤 김일성의 신뢰를 받으며 새로운 국가 건설에 전념했어요. 남과 북이 자신들이야말로 정통성 있는 국가라고 국제 사회에 선전 경쟁을 펼치던 때 남한만 올림픽에 나가게 됐으니 북한으로선 조바심이 날 수밖에 없었지요.

---

* KOREA로 참가한 첫 동계 올림픽은 1948년 1월 생모리츠(St. Moritz) 올림픽이다.

국제올림픽위원회는 대한올림픽위원회에 남북이 함께 나오라는 의견을 보내며 둘이 합의점을 찾길 바랐어요. 하지만 휴전한지 얼마 되지 않은 시점에 남북이 마주 앉아 올림픽 참가 회의를 하기는 쉽지 않았을 거예요. 1957년 말 홍명희는 북한 체육회장을 맡으며 남한에 올림픽 참가 협상을 제의해요. 하지만 남한은 전쟁 복구가 더 중요했고, 북한의 제의를 들어주기도 싫었어요. 결국 국제올림픽위원회가 남과 북 체육 대표자들을 스위스로 불러들여 회의를 열게 하지만 남한은 끝까지 협조하지 않았어요. 그러자 홍명희는 국제올림픽위원회에 북한의 올림픽 출전권을 더욱 강하게 요구했어요. 그리고 1963년 드디어 북한도 올림픽에 참가할 수 있는 자격을 얻게 됩니다. 그런데 홍명희는 우리의 국호는 북한North Korea이 아니라 조선민주주의인민공화국Democratic People's Republic of Korea, DPRK이라 주장하며, 이것이 받아들여지지 않으면 올림픽 참가를 포기하겠다고 해요. 그의 편지에 이런 대목이 있어요.

잘 알려진 대로 우리 팀의 호칭은 철저히 조선민주주의인민공화국이다. 이것을 빼면 우리에겐 아무런 호칭도 없다. 결과적으로 아무도 재량에 따라 우리 팀의 명칭을 바꾸거나 잘못 부를 권리가 없다. 만약 누군가 너의 이름을 잘못 부른다면, 너는 그것에 대해 어떻게 생각하겠나? 당연히 너는 그 말을 듣고 기뻐해서는 안 되며, 반드시 네 이름대로 정확하게 불러 달라고 요청해야 한다. 우리 팀의 호칭도 우리가 부르는 대로 조선민주주의인민공화국이라고 불러야 하고, 누구도 왜곡되게 우리의 이름을 부를 수 없다. 이것은 누가 쉽게 그것을 바로잡을 수 있는가에 대한 아주 간단하고 기본적인 질문이다. 따라서 국제올림픽위원회는 헌장에 규정된 조선민주주의인민공화국 올림픽위원회의 권리를 존중해야 하며 우리 팀의 명칭을 조선민주주의인민공화국이라고 정확히 불러야 한다.

– 홍명희가 국제올림픽위원회 집행 위원들에게 보낸 편지, 1967. 12. 29.[10]

국제올림픽위원회는 1969년 6월에 가서야 북한의 정식 국호를 인정해 주어요. 당시 국제 사회는 자본 진영의 미국과 공산 진영의 소련이 치열하게 대립하고 있었는데, 남한 정권과 북한 정권은 각각 미국과 소련의 영향 아래 있었어요. 국제 사회에서 정식 국가로 인정받으려면 미국과 소련 두 강대국의 인정을 받아야 하지만 미국은 북한을 인정하지 않았고, 소련은 남한을 인정하지 않았지요. 그런 상황에서 1947년 여운형이 앞장서서 대한민국 국호로 국제올림픽위원회에 가입을 했던 거예요. 북한에서는 홍명희가 앞장서서 그들의 국호로 국제올림픽위원회에 가입했고요. 하지만 아쉽게도 두 사람 다 올림픽을 보지 못하고 세상을 떠났어요. 대한올림픽위원회는 여운형이 사망한 다음 해인 1948년에 대한민국 국호로 올림픽에 나갔고, 조선민주주의인민공화국 국가올림픽위원회는 1972년 처음으로 국호를 사용해 올림픽에 나갔어요. 홍명희는 이미 1968년에 세상을 떠났고요.

두 사람 모두 남한에서 태어나 자랐고, 각자가 속한 지역에서 올림픽 참가를 위해 노력했어요. 그 두 사람이 힘을 합쳐 일찍부터 하나의 팀을 추진했다면 어땠을까 하는 생각을 잠시 해 보게 되네요.

+Q 남북 올림픽 공동 유치의 의미

2018년 12월, 지금은 잿더미가 된 개성 남북 공동 연락 사무소에서 남북은 제2차 체육 분과 회담을 열고, 도쿄 올림픽 단일팀 구성과 2032년 올림픽 공동 유치에 협력하기로 합의했어요. 하지만 2032년 하계 올림픽 개최지가 호주 브리즈번으로 결정되면서 무산되었지요. 2018년과 비교해 지금 남북 관계가 어떻게 달라졌는지 알아보고, 남북 올림픽 공동 유치가 가지는 의미를 생각해 보세요.

세계에서 가장 큰 축구장은 어느 나라에 있을까?

브라질의 축구 성지로 불리는 마라카낭 경기장. 세계에서 두 번째로 큰 경기장이다.

세계에서 가장 큰 축구장은 어느 나라에 있을까요? 월드컵 우승을 가장 많이 한 브라질? 축구 종주국 영국? 세계에서 인구가 가장 많은 중국? 세계에서 가장 부강한 나라 미국?

놀랍게도 정답은 북한이에요. 평양에 있는 능라도 5.1 경기장은 15만 명 관중이 들어갈 수 있는, 현재 세계에서 가장 큰 축구 경기장이랍니다.

북한 축구 이야기를 하자면 우선 경평 축구 이야기부터 해야 해요. '경평'이 무슨 뜻일까요? 경평은 경성(일제 강점기 서울의 명칭)과 평양의 줄임말로, 경평 축구란 경성과 평양의 축구단이 맞붙은 친선 축구 경기를 말해요. 1929년부터 경기 장소를 번갈아서 개최하였는데, 그 열기가 엄청났다고 해요. 해방 직후 한동안은 남과 북을 자유로이 오갈 수 있었기에 1946년에도 경기가 열렸답니다. 일제의 구기 종목 금지 조치 후 4년 만에 다시 열리는 대회였기에 시민들의 관심은 광적이라고 할 만큼 뜨거웠어요. 하지만 이 경기를 마지막으로 남북 통행이 금지되었고 경평 축구 대회도 막을 내렸어요.

2021년까지 축구 남북전은 A매치*만 17경기가 있었고, 전적은 7승 9무 1패로 남한이 우세해요. 지금은 우리나라가 월드컵 10회 연속 출전이라는 기록을 갖고 있을 정도로 북한보다 축구 실력

---

* 축구 국가 대표 A팀(1군) 간의 경기. FIFA 랭킹은 A매치의 결과만으로 계산한다.

이 우위에 있지만 1960년대에는 북한이 우리보다 뛰어났어요. 북한은 처음 출전한 1966년 잉글랜드 월드컵 예선에서 이탈리아를 1:0으로 이기고 8강에 올랐어요. 그래서 2002년 한일 월드컵 한국과 이탈리아 경기에서 한국 관중들이 'Again 1966'이라는 응원 문구를 내걸었던 거예요. 북한이 이탈리아를 꺾었던 기적이 다시 한 번 일어나기를 바라는 의미를 담은 문구였지요.

탈북자들의 증언에 의하면 북한은 학교, 기업소, 농장, 공장 등 거의 모든 직장에 축구 팀이 있다고 해요. 경기는 수준별로 1부, 2부, 3부로 나누어 치르고, 전국 대회가 10개가 넘는다고 해요. 시설이나 인재 양성에도 적극적인 투자를 하고 있고, 뛰어난 선수는 연예인처럼 부러움과 선망의 대상이 된다고 하니 축구의 인기가 정말 대단하지요?

북한은 1988년 서울 올림픽이 남북 공동으로 개최될 가능성을 염두에 두고 1986년부터 평양에 대형 축구장을 짓기 시작했어요. 당시 남북은 서울 올림픽 공동 개최를 위해 스위스 로잔에서 회담을 하고 있었는데, 북한은 축구 1개조 예선과 결승전 경기를 북한에서 열게 해 달라고 요청했어요. 북한 주민들이 가장 보고 싶어 하는 종목이 바로 축구였으니까요. 그러나 해결하기 어려운 여러 문제가 있어서 실현되지 못했어요.

1990년 북경 아시안 게임이 끝나고 남북은 통일 축구 교류전을 가졌고, 이때 처음 남과 북 선수들이 능라도 5.1 경기장에서 만나

게 돼요. 당시 남한의 한 선수는 경기장이 너무 커서 놀랐다는 인터뷰를 하기도 했어요. 이 통일 축구 경기를 계기로 1991년 남북 축구 단일팀이 포르투갈에서 열린 제6차 세계 청소년 축구 선수권 대회에 참가해 8강에 진출하는 성과를 올리기도 했어요. 경평 축구에서 비롯된 남과 북의 축구 인연이 이런 결과까지 이르게 된 거예요.

과거에는 한국 축구 국가 대표 감독하면 무조건 한국 사람이었고, 그게 너무나 당연했어요. 그런데 축구계 내부의 갈등과 객관적인 선수 선발을 위해 1994년에 처음 외국인 감독을 영입했어요. 생소한 결정에 모두들 의아해 하면서도 한편으로는 기대를 많이 했어요. 우리 대표 팀의 첫 외국인 감독은 우크라이나 출신 아나톨리 비쇼베츠예요. 선진 축구를 받아들이기 위해 외국에 문호를 개방했던 거지요. 그런데 북한은 우리보다 빠른 1991년에 헝가리 출신 팔 체르나이 감독을 선임했어요. 우리보다 폐쇄적일 것 같은 북한이 먼저 외국인 감독을 받아들였다는 사실이 놀랍지 않나요?

2011년부터 북한은 '축구 강국'을 체육 정책 전면에 내세우면서 온 나라가 축구 열풍으로 흥성거리도록 하겠다는 목표를 세웠어요. 2013년에는 능라도 5.1 경기장 옆에 평양 국제 축구 학교를 설립하고 축구 영재를 키워 나가고 있어요. 여기에서도 유럽 출신 축구 지도자들이 활약하고 있고, 그 학교 출신들 중에 현재 유럽 리그에서 뛰는 선수들도 있어요.

북한 여자 축구는 이미 세계 최고 수준에 닿아 있어요. 2014년 인천 아시안 게임에서 우승했고, 2016년에는 국제축구연맹 세계 여자 축구 선수권 대회(U-17, U-20 대회)에서 우승을 차지했어요. 북한이 얼마나 열심히 축구에 투자하고 있는지 알 만하지요?

북한 조선중앙TV 편성표를 보면 유럽 축구 리그가 거의 매일 방송되고 있어요.* 북한을 방문한 기자가 인터뷰한 영상 중에 북한의 한 축구 팬이 자기가 좋아하는 축구 팀의 순위는 물론 선수들의 장점과 단점까지 거침없이 말하는 장면이 있는데, 축구에 대한 북한 주민들의 관심이 얼마나 큰지 알 수 있어요.

지도 플랫폼인 구글 어스로 평양 시내를 들여다보면 우레탄 트랙 운동장과 축구 전용 구장이 늘어 가고 있음을 알 수 있어요. 평양의 한 지역에는 축구 경기장 10개가 나란히 붙어 있어요. 또 대도시마다 규모 있는 축구 경기장을 갖추고 있어요. 국제 사회의 경제 제재로 어려움을 겪고 있음에도 축구에 대한 투자가 계속되고 있다는 것이 놀라워요.

남과 북 누가 더 높다고 말할 수 없는 축구에 대한 관심과 애정을 남북 관계 개선으로 옮겨 오면 분명 평화 정착을 앞당기는 데 도움이 될 거예요. 머지않은 미래에 남북 청소년들이 드넓은 축구

---

* 통일부 북한정보포털 사이트(nkinfo.unikorea.go.kr)에서 조선중앙TV 프로그램 편성표를 조회할 수 있다.

장에서 만나 신나게 축구 시합을 벌이는 상상을 해 봐요. 그리고 서울 대표 팀과 평양 대표 팀이 경기를 갖는다면 그 열기가 얼마나 뜨거울지, 그 안에서 얼마나 큰 감동이 생겨날지 궁금해요. 그런 날이 빨리 오기를 기다려 봅니다.

구글 어스(earth.google.com) 서비스를 이용하여 북한의 능라도 5.1 경기장의 모습을 살펴보고, 느낀 점을 이야기해 봅시다.

1964년 도쿄 올림픽에서 이루어진 북한 육상 선수 신금단과 남한에 살고 있던 아버지 신문준의
극적인 만남은 남북 최초의 이산가족 상봉으로 기록되어 있다. 부녀의 애틋한 사연은 온 국민의
눈물샘을 자극했고, 부녀의 사연이 담긴 노래가 음반으로 발표되기도 했다.

우리나라 선수가 육상 트랙 경기에서 올림픽 금메달을 따는 날이 올 수 있을까요? 아쉽게도 지금까지는 불가능한 영역으로 보여요. 그런데 1964년 도쿄 올림픽에서 그런 일이 일어날 뻔했어요. 당시 북한의 신금단 선수는 400미터와 800미터 세계 신기록 보유자로 올림픽 금메달이 확실시됐어요. 하지만 올림픽 참가 자격을 박탈당하는 바람에 그런 일은 일어나지 못했답니다. 왜 신금단 선수는 올림픽 참가 자격을 박탈당했을까요?

북한은 1963년 국제올림픽위원회로부터 올림픽 참가 자격을 얻고 1964년 도쿄 올림픽에 200명이 넘는 선수단을 파견했어요. 신금단 선수는 단연 북한을 대표하는 선수였고요. 그런데 신금단 선수가 가네포 대회 즉, 신흥국들이 만든 또 다른 올림픽 경기에 참가했다는 이유로 경기에 참가할 수 없게 됐어요. 도대체 이 가네포 대회가 무엇이기에 이리도 가혹한 결정이 내려진 걸까요?

1950~60년대 제국주의 국가들로부터 새로 독립한 나라들은 자신들을 '제3세계 국가'라고 일컬으며 힘을 모으기로 하고, 미국과 소련 어느 편에도 들지 않겠다는 비동맹주의를 내세웠어요. 인도와 인도네시아, 아프리카, 아시아 지역 신흥 국가들이 여기에 속해요. 이 나라들은 국제올림픽위원회에서 주관하는 올림픽은 식민지를 지배하던 제국주의 국가들의 잔치라고 여기고 자기들만의 대회를 만들었어요. 그게 바로 가네포 대회예요. 미국의 영향을 크게 받는 우리나라는 이 대회에 관심도, 정보도 없었기에 그

저 개발 도상국과 공산권 국가가 참가하는 자그마한 대회 정도로 취급했어요.

1960년 로마 올림픽에 83개국 약 5300여 명이 참가했는데, 1963년 자카르타에서 열린 제1회 가네포 대회에 올림픽 절반 규모에 해당하는 48개국 약 2700여 명이 참가했어요. 첫 대회 규모가 이러하니 국제올림픽위원회도 긴장할 수밖에 없었지요. 그래서 국제올림픽위원회는 가네포 대회에 참가한 선수는 다음 올림픽에 참가할 수 없다고 선언해 버려요. 그때만 해도 설마 정말로 선수들을 출전 금지시킬 거라고 생각하는 사람은 없었어요. 그런데 1964년 도쿄 올림픽에서 정말로 그런 일이 일어나고 만 거예요.

신금단 선수는 가네포 대회에서 세계 신기록을 세우며 금메달 3개를 획득했어요. 신금단 선수는 어떤 선수였기에 그 시절 이토록 엄청난 기록을 세울 수 있었을까요? 1958년, 21살의 선반공 노동자이던 그녀는 직장 대항 육상 경기 대회에 참가했다가 대표 선수로 발탁되며 본격적인 육상 선수 생활을 시작해요. 실력이 급속도로 성장하여 불과 3년 만인 1961년에 세계 육상 선수권 대회 400미터에서 우승을 차지했어요. 1962년 대회에서도 우승한 그녀는 급기야 1963년 가네포 대회에서 400미터와 800미터 세계 신기록을 수립해요. 그러자 당시 한국 정부 관계자들은 걱정이 이만저만 아니었어요. 올림픽에 처음 출전하는 북한이 금메달까지 따게 되면 남한의 체면이 말이 아니게 되니까요. 대한올림픽위원회 이상백 위원장은 1963년 11월 16일 국제올림픽위원회 브런디지 위원장에게 북한이 가네포 대회에 참가했다는 사실을 알리고 북한의 올림픽 참가를 취소해야 한다는 의견을 보냈어요.[11]

국제올림픽위원회는 올림픽 참가 자격의 권한을 국제스포츠연맹에 넘기고 한발 물러나요. 당시 국제육상연맹과 국제수영연맹만이 이 사안에 관심을 두고 있었고, 다른 종목에서는 가네포 대회에 참가한 선수들에게 올림픽 출전을 허가했어요. 대회 한 달 전 국제수영연맹은 북한 수영 선수들에게 올림픽에 참가해도 된다고 통보해요. 분위기가 이렇게 흘러가자 이상백 위원장은 국제올림픽위원회에 편지를 보내 북한의 참가를 금지한 국제올림픽위원회의 제재가 실행되지 못할지도 모른다는 걱정을 내비쳐요.[12] 그런 상황에서 세계육상연맹 회장이던 영국의 M.엑서터가 매우 단호하게 가네포 대회 참가자들을 출전 금지시켰어요.[13] 그는 올림픽 시작 전 참가 불가 선수들의 명단을 작성해서 각 나라에 알렸어요. 국제올림픽위원회는 그 결정의 책임이 국제스포츠연맹에 있다고 떠넘겼지만 공산권과 제3세계 국가들에게 커다란 비난을 받았어요. 정치적 차별 없이 누구나 올림픽에 참가할 수 있다는 국제올림픽위원회 헌장을 스스로 어겼으니까요.

신금단 선수가 올림픽에 나가지 못하게 되자 북한은 국제올림픽위원회와 국제육상연맹에 5개월이 넘도록 끈질기게 항의했어요. 1964년 도쿄 올림픽이 시작되기 전에 하는 제62차 도쿄 국제 올림픽위원회 총회에서 가네포 선수 제재 안건이 취소되기를 희망하며 북한 선수단은 일본에 도착했어요. 하지만 결과는 바뀌지 않았지요. 총회가 끝난 다음 날 북한 선수단은 모두 북한으로 돌아가 버렸어요. 당시 남한은 이전 올림픽 참가 선수 규모보다 네 배가량 많은 154명의 선수를 파견했어요. 그만큼 북한의 첫 올림픽 출전을 의식하고 있었던 것이지요.

신금단 선수에게는 또 다른 사연이 있어요. 신금단 선수의 아버지 신문준 씨는 남한에 살고 있었어요. 1·4후퇴 때 남한으로 내려오며 14살이던 딸과 헤어지게 되었지요. 신문준 씨는 어느덧 27살이 된 딸이 올림픽에 참가한다는 소식을 듣고 일본으로 갔어요. 남한과 북한 모두 이 부녀의 만남에 극도로 긴장했고, 그들의 인터뷰 내용에 신경을 곤두세우고 있었어요.

부녀의 만남은 남북의 정보기관에 의해 통제된 상태에서 7분가량 짧게 이루어졌어요. 몇 마디 말만 겨우 나누고 헤어졌다고 해요. 그런데 나중에 신금단 부녀의 만남에 남한 정부가 깊숙이 개입한 정황이 드러나요. 당시 중앙정보부장 김형욱이 자신의 자서전에서 '북한은 혈육의 정마저 부인하려 드나 우리는 언제든지 능동적으로 통일을 추진할 용의가 있다는 것을 국민에게 보여 주려는 것'이 이 만남을 기획한 의도라고 밝혔거든요.

당시 신금단 선수와 아버지의 상봉은 대대적으로 기사화되었어요. 유일하게 현장에 있었던 한 기자는 "대부분의 기사가 14년 만의 부녀 상봉이라는 감상적인 터치와 소설 같은 작문이었던 점은 우리 언론이 두고두고 경계하고 자성해야 되는 과제이다."라고 일갈했어요.[14]

촉망받는 운동선수를 올림픽에 나가지 못하게 막은 것으로도 모자라 아버지와 딸의 만남조차 정치적 이용하려고 했던 사람들에게 올림픽은 과연 어떤 의미였을까요?

+Q 스포츠와 미디어

미디어가 어떤 이슈를 중요하다고 강조하면, 일반 대중은 그 이슈가 우리 사회의 중요한 의제라고 생각하게 되는 것을 '아젠다 세팅Agenda setting'이라고 해요. 당시 신금단 선수와 아버지의 상봉을 언론에서 접한 사람들이 어떤 생각을 했을지 짐작해 보고, 누군가에 의해 '세팅'된 생각을 갖게 되지 않으려면 어떤 자세를 지녀야 할지 이야기해 봅시다.

4부

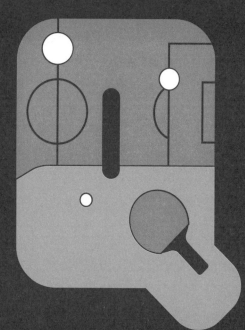

**이건 몰랐지?
아는 만큼
보이는
스포츠 이야기**

학교에서 수류탄 던지기로
체력을 측정했다고?

과거 체력장에서 던졌던 모형 수류탄. 멀리 던지면 좋은 점수를 받았다.

체력장이라는 말 들어 봤나요? 이제는 어른들이나 기억할 이 말은 1971년부터 학교에서 실시하던 체력 검사를 가리켜요. 지금은 학생들이 의무적으로 PAPS^{Physical Activity Promotion System}라는 건강 체력 평가를 매년 받고 있지요. 전에는 초등학교 5학년부터 고등학교 3학년까지 매년 체력장을 실시해 체력을 기록으로 남겼어요. 학생 개인의 건강 관리뿐 아니라 우리나라 청소년 전체의 체력, 체격 통계를 파악할 수 있는 중요한 자료였지요.

체력장의 도입은 전쟁과 관련이 있어요. 1, 2차 세계 대전을 겪은 많은 나라들이 앞으로 또 있을지 모를 전쟁에 대비해 건강한 군인을 기르려는 목적으로 체력을 테스트하는 시험 제도를 만들었거든요. 우리나라는 일제 강점기인 1942년부터 조선 총독부 주도로 체력장 검정을 실시했어요.[1] 검정은 15세부터 25세까지였다고 해요. 전쟁에 대비하려면 젊고 건강한 군인이 절대적으로 필요했을 테니까요. 오래달리기, 뛰기, 던지기, 매달리기, 40킬로그램 100미터 운반 등의 종목을 실시했는데, 해방 후에는 체력 검사를 했다는 기록이 없어요. 그러다 다시 1951년부터 학생 체력 검사를 실시했지만, 본격적인 시작은 1961년 체능 검사부터였어요. 종목은 달리기, 턱걸이, 매달리기, 넓이뛰기, 던지기(단봉)였고, 나르기는 빠졌어요.

당시 고등학교 입학 시험 점수가 200점 만점이었는데, 체력장 점수가 20점이나 되다 보니 따로 과외를 받는 학생들까지 생길 정도였어요. 그런데 학교들마다 체력장 점수로 입시에 지장을 받는 학생들이 나오지 않게끔 편의를 봐주다 보니 점수 신뢰도가 떨어질 수밖에 없었어요. 그래서 지역별로 한날에 여러 학교가 모여 체력장을 실시하기도 했어요. 그래도 신뢰도 문제는 나아지지 않았다고 해요.

체력장에서 가장 우수한 기록을 남긴 학생들에게는 금상, 은상, 동상을 주기도 했어요.[2] 고등학교 입학시험을 본 날 바로 체력장을 실시한 적도 있는데,[3] 그러다 보니 예상하지 못한 일이 벌어지기도 했어요. 1969년에 1월 30일 고등학교 입시 체능 검사가 있던 날, 폭설이 내려 달리기를 제대로 할 수 없게 되자 모두에게 최고점을 준 거예요.[4] 그러자 체력장 점수를 입시에 반영하는 것을 폐지해야 한다는 여론이 들끓기 시작했어요. 심지어 체력 검사를 받다가 학생이 사망하는 사고까지 발생하자 폐지 요구가 더욱 높아졌어요.

1972년부터 문교부(지금의 교육부)는 고교 입시에서 체능 검사를 폐지하고 중학교 체력 검사를 내신 점수에 반영하는 것으로 변경해요. 거의 모든 학생에게 만점을 주었기에, 검사는 신뢰하기가 어려웠어요. 그리고 종목에도 변화가 있었어요. 턱걸이(남), 매달리기(여), 윗몸 앞으로 굽히기, 도움닫기 멀리뛰기, 달리기, 왕복달리기, 오래달리기, 던지기 등 8개 종목으로 늘어났는데 여기서던지기는 모형 수류탄을 던지는 것으로 바뀌었어요. 수류탄 던지기는 1979년에 가서 사라지는데, 이 역시 체력 검사가 전쟁과 관련 있는 검사라는 것을 방증한다고 볼 수 있어요.

1973년부터는 대입에도 체력 검사 점수를 반영하기 시작했는데 1993년에 학력고사를 폐지하면서 대입 체력장 검정 제도도 함께 폐지돼요.[5] 사실 20점 만점에 대부분이 만점을 받았으니 큰 의미도 없었지요. 그리고 1999년에 와서 오래달리기 종목은 걷기나 달리기로 완화되었고, 턱걸이와 던지기가 항목에서 제외되었어요. 전쟁이나 국방과 관련된 체력 검사의 이미지를 한꺼풀 걷어낸 계기가 되었다고 볼 수 있지요. 그리고 2009년 지금의 PAPS가 실시됩니다.

현재 체육 전공으로 대학에 진학하려는 학생들이 준비하는 입시 체육이란 게 있어요. 대부분 종목이 체력 위주인데, 입시 체육 학원에서 많은 시간을 보내야 하는 게 문제예요. 현재 학교에서 연중행사로 하고 있는 PAPS도 체력을 측정하는 것인데 중·고등학교 6년 동안의 기록을 이용해서 체육 계열 대학 진학에 사용할 수는 없을까요? 학교마다 측정을 어떻게 하는가가 중요한 변수이겠지만, 중·고등학교 6년 동안의 PAPS 기록을 자세히 살펴보면 평가 자료로서 꽤 의미가 있을 거예요. 그리고 학교 안에서 이루어지는 체육 활동이 생활 기록부에 정리가 되어 있다면 그 정보도 충분히 대학 입시에 활용할 수 있어요. 이렇게 되면 학생들이 학원 수강을 하는 데 들어가는 비용과 시간을 줄이고 학교 교육에 더 충실할 수 있지 않을까요?

+Q   **체육 과목과 입시 정책**

만약 교육부에서 체육이 학교 정규 교과인 만큼 학생들의 운동 능력과 체력을 다시 입시에 반영하겠다는 정책을 내놓는다면 어떨까요? 정책에 대한 여러분의 생각을 자유롭게 이야기해 봅시다.

Q34 학생 선수는 학생일까, 선수일까?

1972년 제1회 전국 소년 체육 대회 개막식 장면. 전국 소년 체육 대회는 대한체육회 주관으로 매년 봄에 거행되는 전국 규모의 소년·소녀 체육 대회다.

2022년 대통령 선거를 앞두고 한 후보가 학생 선수들이 학습권과 운동권을 함께 누릴 수 있도록 현장의 목소리에 귀를 기울이겠다고 했어요. 대통령 후보의 입에서 체육 정책과 관련된 이야기가 나온 것은 역사상 처음 있는 일이었는데, 사실 이 문제는 오래전부터 뜨거운 논쟁거리였어요.

인간은 누구나 자신의 성장과 자아실현을 위해 학습할 권리가 있어요. 운동하는 학생 선수라고 다르지 않아요. 학생 선수의 학습권을 보장해 주어야 한다는 대의에는 반론의 여지가 없지만 여기서 짚고 넘어가야 할 점은 학생 선수들의 학습권이 외부 요인에 의해 침해당한 것인지, 스스로 포기한 것인지 명확하지 않다는 거예요. 제도의 문제인지, 개인의 선택 문제인지 단정하기가 쉽지 않거든요.

2022년 교육부는 학생 선수의 학습권을 보장하겠다며 학생 선수가 대회 참가 때문에 결석을 하면 출석한 것으로 인정해 주는 '출석 인정 허용 일수' 축소를 추진했어요. 초등학교 10일, 중학교 15일, 고등학교 30일이었던 것에서 각각 0일, 10일, 20일로 축소하기로 한 것이지요. 학부모들과 지도자 선생님들은 현실을 고려하지 않은 탁상행정이라며 강하게 반대했어요.

운동부가 있는 학교 학생들은 잘 알 거예요. 학생 선수들이 수업에 잘 들어오나요? 수업에 들어와도 수업 내용을 따라가기가 쉽지 않을 거예요. 학교에 따라 정도는 다르겠지만, 대부분은 수업에 흥미를 느끼기 어려울 거예요. 수업 내용을 알아들을 수도 없는데 출전 시간을 제한하면서까지 수업을 듣게 해 놓았으니 이 참에 쉬자는 마음이 들지 않을까요?

학생 선수들 중 대부분은 언젠가 운동을 그만두고 또 다른 자기 분야를 찾아야 해요. 그래서 학습권 보장이 필요한 것이고요. 하지만 지금의 학습권 보상은 현실과 어긋난 부분이 많아요. 일반 학생들과 똑같은 교육 과정을 따라가면서 운동을 병행하는 건 너무 어려운 일이니까요. 교육부의 의도가 잘 정착되려면 운동선수에게 적합한 교육이 따로 이루어져야 해요. 예를 들면, 오늘 경기 결과를 글로 정리한다든가, 한국어, 외국어로 인터뷰 연습하기, 경기 결과로 통계를 만들고 그것을 반영해 작전 세워 보기, 신체와 근육의 구조 파악하기 같은 실질적으로 필요한 내용을 가르쳐야 해요.

운동으로 진로를 택한 학생 선수들이 경기력을 최대한 끌어올리려면 절대적인 연습량이 있어야 하고, 실전과 같은 연습 경기를 많이 치러야 해요. 그런 경험이 부족하면 좋은 성적을 내기 힘들어요. 출전 시간을 제한하거나 주말에만 대회에 참가할 수 있도록 하는 제도는 선수들의 피로를 누적시켜 부상 위험을 높일 수 있어요. 쉬는 날 없이 일하라고 하면 누가 좋아할까요? 학생들에게 쉬는 날을 빼앗는 건 너무나 부당한 일이지요.

학생 선수들도 학습권의 중요성은 알고 있어요. 운동만 하는 것은 문제가 있고, 공부와 병행해야 한다는 것에 동의해요. 하지만 자신들의 행복 추구권(운동할 수 있는 권리)도 보장해 달라고 요구하고 있어요. 물론 과거 체육 특기자 정책에서 비롯된 특권을 당연하게 요구하는 것도 문제겠지요.

한편 다른 예체능 분야에서는 왜 체육만 그러는지 이해가 안 된다고 말하기도 해요. 특출난 재능을 보이는 학생들이 학교에 쉽게 입학할 수 있도록 돕는 특기생 제도는 음악, 미술, 체육 영역에서 동시에 시작되었어요. 그러나 그중 체육 분야는 세계적인 선수를 육성하는 국가 정책과 맞닿아 있었지요. 운동만 잘하면 대학도 갈 수 있고, 올림픽에 나가 국가의 명예를 드높이고 큰돈도 벌 수 있었어요. 그래서 수업 결손을 당연하게 생각했고, 합숙이 필수였어요. 운동선수나 예술 지망생이나 모두 일찍부터 자신의 꿈을 키워가기 위해 노력하고 있는데, 유독 체육 분야만 국가가 적극적으로 나서서 지원을 해 왔어요. 과거에 정부가 전문 선수를 육성한 이유는 올림픽을 포함한 국제 대회에서 국가 간의 경쟁이 치열했기 때문인데, 이제는 시대가 달라졌으니 국가나 정부의 역할을 줄여도 된다고 생각해요.

운동선수의 학습권 문제는 학부모, 학생 선수, 지도자, 정책 담당자들의 합의만으로는 답을 찾을 수 없어요. 왜냐하면 진학, 프로 진출과 연결되어 있으니까요. 대학이나 프로 팀의 스카우트 제도까지 정비하는 대대적인 체육 정책 개선이 있어야 해요. 최근

대학 입시 체육 특기자 제도가 변하기는 했지만, 아직까지는 대회 참여와 입상 실적이 가장 중요해요. 한 경기라도 더 나가서 좋은 성적을 내야 대학에 갈 수 있다 보니 학습권은 뒷전이 될 수밖에 없는 것이지요.

이 논란이 해결되려면 우선 학교 체육의 위상이 달라져야 해요. 일단 학교 체육이 국위 선양을 위한 토대가 되어야 한다는 인식에서 벗어나야 해요. 운동선수 개인의 성공을 위해 학교가 어디까지 책임져야 하는지 근본적인 질문도 있어야 하고요. 이제 학교 체육은 전문 체육 선수들을 길러 내는 데 집중하기보다는, 학생 모두가 즐거움과 건강을 추구할 수 있는 체육 교육을 만들어 가는 데 집중해야 해요. 체육 수업과 학교 스포츠 클럽의 내실을 다지고 전문 선수 육성은 학교 밖에서 이루어지도록 하는 게 옳아요. 운동선수 육성이 학교 교육에서 벗어나 전문화된 기관에서 이루어진다면 그것은 전적으로 선수 자신의 선택에 달린 문제가 되겠지요.

최근 축구는 FC^{Football Club}라는 형태로 학교 밖에서 많은 선수들을 길러내고 있어요. 유명한 축구 선수들이 중학교만 나왔거나, 고등학교만 나왔다는 이유로 차별받지 않아요. 학력은 선수 개인의 선택일 뿐 학교는 일반 학생들을 위한 체육 교육에 집중하는 것이 중요해요. 체육 시설 같은 환경적인 요인 때문에 학교가 운동부를 맡아야 한다고 주장하는 사람들도 있지만, 요즘 배드민턴 종목에서는 전문 지도자들이 클럽을 만들고 인근 학교 체육관을 빌려서 초·중·고 선수들을 전문 선수로 육성하기도 해요. 지역 기반 시설이라는 의미에서 학교 시설을 공유하면 되는 것이지, 운동장, 체육관이 학교 안에 있다고 해서 꼭 학교 교육 안에서 전문 선수를 길러 낼 필요는 없어요.

학업과 운동은 대립하는 개념이 아니에요. 반드시 하나를 선택해야 하는 문제도 아니고요. 학생답게 교육받을 권리도 학교 안에서, 모든 학생이 즐겁고 건강한 체육 활동을 누릴 수 있는 권리도 학교 안에서, 그러나 개인의 영달과 성공을 위한 전문 체육은 전문 체육 학교나 학교 밖에서 이루어지는 구조로 바뀌어야 한다고 생각해요. 그러려면 학교 밖 체육 시스템이 변화해야 가능하겠지요. 그랬을 때 지금의 학습권 보장과 운동권 보장(과거 특기자 혜택권) 사이의 다툼이 사라지게 될 거예요.

+Q 운동권과 학습권

1. 학교는 모든 학생이 다양한 신체 활동을 경험하고 그 가치를 내면화할 수 있도록 기회를 제공해야 해요. 그러나 입시 중심의 교육 현실에서 체육 활동은 등한시되고 있는 것이 사실이에요. 여러분이 학교에서 경험하고 있는 체육 활동에는 무엇이 있나요? 체육 활동이 충분하다고 생각하나요? 학교 체육 활성화를 위해 어떤 노력이 필요할지 이야기해 봅시다.

2. 다음 영상을 참고하여 전문 선수의 학습권을 보장하기 위해 실질적으로 어떤 대책이 필요할지 이야기해 봅시다.

「그 많던 야구 선수는 어디로 갔을까?」
- EBS 다큐시선, 2019년 10월 10일 방송

스포츠 조기 유학,
성공의 지름길일까?

2002년 한일 월드컵을 전후로 수많은 유망주들이
스타를 꿈꾸며 해외로 조기 축구 유학을 떠났다.

손흥민 선수가 영국 프리미어 리그에서 대단한 활약을 하고 있지요. 2021~22 시즌에는 프리미어 리그 득점왕에 오르기도 했고요. 게다가 외국어 인터뷰도 잘하고 인성도 좋다는 평가를 받고 있어요. 그가 이렇게 성공하게 된 배경에는 고등학교를 중퇴하고 독일로 넘어가 유소년 팀에서 뛰며 유럽 축구를 배웠던 경험도 빼놓을 수 없어요.

이청용 선수는 중학교를 중퇴하고 FC서울 축구 팀에 소속되어 5년 동안 선수로 뛰다가 프리미어 리그에 진출했고, 지금은 울산현대에서 뛰고 있어요. 당시 병역 규정에서 중학교 중퇴자는 병역을 면제해 주었기에 의도적으로 그렇게 진로를 결정했다고도 해요. 현재는 학력 때문에 병역을 면제해 주는 규정은 사라졌어요. 또 중학교 시절 바르셀로나 유소년 팀으로 옮겨 함께 성장한 백승호, 장결희, 이승우 선수도 있어요.

손흥민 선수를 비롯해 소위 해외파 선수들 중에는 국내에서 고등학교를 마치지 않은 경우가 많아요. 이러한 현상은 최근 변화된 모습이에요. 과거에는 운동선수들이 대학에 가는 것을 당연하게 여겼거든요. 축구 해설가로도 활동했던 차범근 감독은 선수 시절 국내에서 대학을 졸업하고 독일 리그로 진출했어요. 홍명보, 안정환, 박지성, 이영표 등 2002년 한일 월드컵의 주역들도 대부분 국내에서 대학을 졸업한 후에 국내 프로 팀이나 해외로 나가서 성공했어요.

2002년 한일 월드컵을 계기로 해외 축구 조기 유학 붐이 일면서 어렸을 때부터 국내보다는 해외를 선택해 자신의 꿈을 이루려는 선수들이 많아졌어요. 과거에는 대학을 졸업하고 프로 팀으로 가서 선수 생활을 이어가는 것이 일반적인 과정이었는데 이제는 일찌감치 제도권 교육을 포기하고 해외나 프로 팀을 선택하는 사례가 늘고 있어요.

당연한 이야기지만 축구를 한다고 모두 프로 선수가 될 수 있는 건 아니에요. 이름난 선수가 되는 건 더 어려운 일이고요. 스포츠 뉴스에 연일 성공한 선수들의 활약상이 소개되니 축구 선수를 꿈꾸는 어린이들이 늘어나고 부모들의 관심도 커지고 있어요. 사실 축구 기량이 뛰어나도 부모의 경제력, 정보력이나 지도자들의 뒷받침이 없으면 해외로 나가기 어려워요. 혹여나 그런 기회를 잡는다 해도 중간에 부상이나 또 다른 변수로 선수 생활을 그만두게 되는 경우가 많고요. 그런 선수들을 위해서라도 공교육을 포기할 수 없는 거예요.

한 연구에 따르면 대학 축구 선수로 뛰다가 선수 생활을 그만둔 학생들에게 진로 결정에 있어서 불안감이 아주 높게 나타났다고 해요.[6] 대학에서는 일반 전공 과정과 다르게 선수들만을 위한 교육 과정을 따로 실시하는 경우도 있어요. 하지만 중·고등학교에서는 어떤가요?

중·고등학교 또는 학교 밖 클럽에서 운동하는 선수들도 학교 교육에서는 대학 진학을 위한 교육 과정을 따라가고 있어요. 한국의 수능 영어 문제는 세계 최상의 난이도라고 알려져 있어요. 이런 공부가 운동선수에게는 별 도움이 안 되리라는 건 누구나 알고 있지요. 더 나아가 운동선수들을 위한 별도의 교육 과정이 필요하다는 인식을 하고 있는 사람들도 많아요. 하지만 현실적으로 학교에서 그런 교육 과정을 따로 구성하기는 어려워요.

외국의 사례를 보면, 유럽의 일부 구단은 선수들에게 필요한 인터뷰 방법, 외국어 교육, 세금 계산법 등 실질적으로 필요한 것을 가르치고 있다고 해요. 북한만 해도 평양 국제 축구 학교에서는 수학을 가르칠 때 속도와 거리, 면적, 각도 등의 내용을 축구와 연결하여 가르치고 있다고 하고요. 우리도 각 시도 체육중·고등학교는 개인 종목 중심으로 운동부를 육성하면서 기본적으로 배워야 할 교육 과정을 정해 놓고 그 외 시간에 운동을 하는 형태로 운영하고 있어요. 이렇듯 축구나 야구 등 단체 종목도 전문 학교를 만들고 그 종목에 맞는 교육 과정을 운영하는 것을 장기적으로 고민해 볼 필요가 있다고 생각해요. 규정에 따라 강제로 교실에 앉아 있게 하는 교육은 운동에도 공부에도 도움이 되지 않으니까요.

성공한 선수들은 은퇴 후에도 지도자, 트레이너, 행정가, 사업가, 최근에는 방송 예능인 등으로 진로를 모색할 기회가 많지만, 그런 선수들은 아주 예외적인 경우예요. 선수의 꿈을 키워 나가기 위해 성실하게 국내 과정을 밟을 것인지, 과감하게 해외 진출을 시도해 볼 것인지, 어떤 게 더 좋은 선택이라고는 말할 수 없어요. 그래서 오히려 운동에 한계를 느끼고 다른 진로를 생각하게 될 때를 대비하는 게 더 중요할 수 있어요. 삶에는 항상 변수가 있고, 예상치 못한 상황이 벌어졌을 때 어떻게 대처할지는 평소에 어떤 준비를 해 왔는가에 달려 있으니까요.

+Q 현명한 진로 선택 방법

여러분의 희망 진로는 무엇인가요? 그 꿈을 이루는 데 학교 교육, 외부 교육 기관, 해외 유학 중 어떤 것이 가장 유리할지 생각해 보고, 내가 한 선택의 장단점을 비교해 보세요.

프로 농구 국내 신인 선수 드래프트 참가자들이
한국농구연맹 트레이닝 센터에서 신체 능력을 측정하고 있다.

우리나라의 대학 진학률은 70퍼센트가 넘고, 대학 졸업자 비율은 50퍼센트 정도예요. 미국은 대학 졸업자 비율이 35퍼센트 정도이고, 경제협력개발기구OECD 평균도 그 정도라고 하니 꽤 높은 비율이지요. 몇 년 전 「스카이 캐슬」이라는 드라마가 큰 반향을 일으켰듯, 우리는 아직 일류 대학 진학이 학교 교육의 커다란 목표인 문화에서 살고 있어요. 공부가 적성에 맞지 않거나 운동 능력이 남달라 어려서부터 운동선수의 길로 들어서는 학생들이 있는 반면, 오로지 대학 입학 입시를 위해 운동을 하는 경우도 많아요.

2000년대까지는 대학부 운동선수들이 졸업 후 실업 팀이나 프로 팀에 들어가는 경우가 많았어요. 2002년 한일 월드컵 국가 대표 선수들의 학력을 보면 23명 중에 78퍼센트가 대학생이거나 졸업생이었어요. 고졸이 13퍼센트, 대학 중퇴가 9퍼센트였고요. 그런데 2022년 카타르 월드컵 예선 국가 대표 선수들의 학력을 보면, 대졸 8퍼센트, 중학교 중퇴가 4퍼센트, 고졸 33퍼센트, 대학교 중퇴가 54퍼센트로 최종 학력이 고졸인 선수가 87퍼센트였어요.

야구 국가 대표 선수들도 마찬가지예요. 2020년 도쿄 올림픽 야구 국가 대표 팀의 학력을 보면 고졸 출신이 78퍼센트이고, 대졸은 12.5퍼센트, 대학 중퇴는 4퍼센트로 대부분 고등학교를 졸업하고 프로 팀에 입단한 선수들이었어요. 이러다 보니 운동을 못하는 선수들이 대학에 진학한다는 말까지 생겨날 정도예요. 야구의 경우 고졸 야구 선수 중 약 10퍼센트 정도만 프로 팀에 지명을 받을 수 있어요.

대한체육회의 통계에 따르면 중간에 야구를 그만둔 선수의 직업은 스포츠 관련 직업 22퍼센트, 사무 4.8퍼센트, 판매 1.3퍼센트, 서비스 0.8퍼센트, 군인 2퍼센트, 기타 34퍼센트, 무직 35.4퍼센트로 나타났어요.[7] 프로 야구 선수들은 중·고등학교 때 다 그 지역 전설이었다는 이야기가 있어요. 프로 선수가 되는 게 그만큼 어렵다는 이야기예요. 그런데 문제는 프로가 되지 못한 선수들은 운동 관련 직업을 갖는 것조차 매우 힘들다는 거예요. 선수들 대부분은 20대 중반에서 후반 사이 기량이 정점에 이르고 가장 큰 돈을 벌어요. 대학에 진학하게 되면 프로 입단이 늦어지고, 선수로서의 성장에도, 연봉에도 지장을 받을 수 있어요.

농구에서는 그 경향이 좀 다르게 나타나는데, 남자 선수들은 대개 대학에 진학해요. 대학을 중퇴하고 프로 팀에 가는 선수도 있지만 보통은 대학 졸업 후에 프로 팀에 들어가요. 여자 선수들은 그 반대예요. 운동을 잘하는 선수는 우선 프로 팀이나 실업 팀을 선택하고, 거기에 들어가지 못한 선수들이 대학에 진학하는 경우가 많아요. 상황이 이러하니 여자 대학 리그가 위축될 수밖에 없고, 아마추어 선수들이 대학 리그를 대체하고 있는 상황이에요.

배구의 경우도 비슷해요. 남자 선수들은 대부분 대학에 진학하는 반면, 여자 선수들은 고등학교 졸업 후 프로 팀이나 실업 팀으로 가는 경우가 많아요. 대학 팀이 적어서 리그 운영이 쉽지 않을 정도예요.

왜 이런 현상이 일어났을까요? 우선, 여자 선수들의 선수 생명이 짧기 때문이라는 의견이 있어요. 아이를 낳은 뒤 선수로서 다시 코트에 복귀하는 게 쉬운 일은 아니니까요. 간혹 출산 후에 코트에 복귀하는 선수가 있긴 하지만 아주 예외적인 경우예요. 좋은 기량을 가능한 오래 유지하기 위해서는 대학에 가지 않는 게 유리할 수 있어요.

프로 스포츠 시장이 얼마나 발전했는지 여부와도 연관이 있어요. 인기가 많은 종목은 그만큼 경쟁이 치열할 수밖에 없으니까요. 농구, 배구는 축구, 야구에 비해 시장이 작은 편이에요. 농구, 배구도 프로 시장이 커지면 머지않아 비슷한 경향이 나타날 수 있어요. 예를 들어 골프는 프로 시장이 크기 때문에 일찌감치 의무 교육을 포기한 사례들이 많아요. 운동선수들에게 학력은 자칫 걸림돌이 될 수도 있어요. 문제는 극히 일부 성공한 스포츠 스타들만을 롤 모델로 삼아 어린 선수들이 화려한 미래만 그린다는 거예요.

축구, 야구, 농구, 배구, 골프 등 프로 선수들은 누구를 위해 운동을 할까요? 자신의 명예와 부를 위해서겠지요. 국위 선양이 최고 목적인 선수는 거의 없을 거예요. 열심히 하다 보니 국위 선양이 덤으로 붙는 거지요. 그렇기에 스포츠 스타가 되기 위해 학교

보다 더 좋은 조건과 환경에서 실력을 향상시키고 싶은 마음은 아주 자연스러운 거예요. 운동선수만 그런 것도 아니에요. 성공적인 이력을 쌓아 가는 사람들 중에 학력을 따기 위한 공교육 과정을 생략하는 경우가 꽤 있어요. 하지만 공교육 과정을 생략하고 학교 밖에서 전문가 과정을 밟는 것이 무조건적인 성공을 담보하지는 않는다는 사실을 염두에 두어야 해요.

+Q. 미래 사회의 학교 교육

현대 경영의 창시자 톰 피터스는 '앞으로 15년 내에 화이트칼라(사무직 노동자) 직종 중 80퍼센트가 완전히 사라질 것'이라고 예견했어요. 우리가 선망해 마지않는 의사, 판사, 변호사, 회계사 같은 전문 직종이 인공 지능으로 대체될 거라는 주장이에요. 그렇다면 미래의 학교 교육은 어떤 방향으로 나아가야 할까요?

Q37 운동 못해도 괜찮아! 스포츠 관련 진로에는 뭐가 있을까?

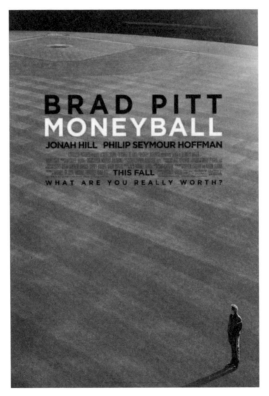

영화 「머니볼」 포스터. 이 영화에는 스포츠 기록 분석원,
스포츠 마케터 등 다양한 스포츠 관련 직업이 등장한다.

체육학과나 체육 교육과를 졸업하면 어떤 직업을 갖게 될까요? 체육 교사, 트레이너, 스포츠 해설가, 스포츠 관련 콘텐츠를 생산하는 개인 미디어 크리에이터까지, 생각해 보면 과거보다는 확실히 직업 범위가 다양해진 것 같아요. '퍼스널 트레이너(개인 운동 강사)'라고 들어봤지요? 옛날에는 체육 관련 시설이라야 헬스장, 태권도장, 합기도장 정도였는데 지금은 소규모 체육 시설이 많이 생기고, 필라테스나 요가 학원도 많아졌어요.

영화 「머니볼」이나 드라마 「스토브리그」에는 야구와 관련된 다양한 직업이 등장해요. 특히 「머니볼」의 주인공은 야구 선수 출신으로 구단 운영의 혁신을 이루는데 그 첫 단추가 데이터를 기반으로 한 선수 스카우트였지요. 이 영화에서는 전문 스카우터, 데이터를 기반으로 한 선수 분석가, 구단 여행 매니저, 선수 의료진 등 다양한 직업들을 볼 수 있어요. 앞으로도 스포츠 관련 직업은 더 세분화된 전문 인력을 필요로 할 거예요.

최근 한 축구 유튜버는 체육을 전공하지 않았는데도 유럽 리그에 대한 해박한 지식으로 유명해졌어요. 텔레비전이나 라디오 방송에 출연해 다양한 축구 정보를 알려 주고, 축구 경기 해설가로도 활동하고 있어요. 과거 축구 해설은 보통 국가 대표 출신 유명 선수들이 맡았어요. 하지만 채널이 다양해진 요즘은 축구 마니아들도 참여할 수 있게 되었어요. 선수 출신이 아니더라도 자신이 좋아하는 스포츠에서 꿈을 찾아가는 사람들이 많아지고 있는 거예요.

인터넷에서 체육 관련 직업을 검색해 보면 체육 교사, 교수, 스포츠 팀 감독 등 기존에 잘 알려진 것들 외에도 스포츠 기록 분석 연구원, 야외 활동 지도사, 스포츠 카운슬러, 스포츠 에이전트, 스포츠 해설가, 스포츠 마케터 등 다양한 직종이 소개되어 있어요. 그런데 이런 직업을 갖기 위해서 꼭 체육을 전공해야 하는 건 아니에요. 축구 에이전트의 경우, 예전에는 해외나 대한축구협회에서 발급하는 자격증이 있어야 했지만 지금은 관련 분야에서 일하면서 경력과 인맥을 쌓은 사람이면 누구나 할 수 있게 되었어요.

체육 계열 대학에 진학하고자 하는 학생들은 체육 교육과, 스포츠 건강 과학과, 글로벌 스포츠 산업학과, 레저 스포츠학과, 사회 체육학과 등 학과 명칭부터 잘 알아 둘 필요가 있어요. 체육 관련 학과는 체육학과, 체육 교육과에서 출발해 스포츠 레저학과, 스포츠 경영학과, 헬스케어학과 등이 새로 생겼고, 최근에는 e-스포츠 학과도 만들어졌어요. 시대의 흐름이 읽혀지지요? 어떤 과를 갈 것인지는 그 대학교의 교육 과정을 잘 살펴보고 선택해야 해요. 졸업 후 어떤 취업으로 이어지는지도 알아봐야 하고요.

2020년 체육 계열 학과 졸업생의 취업률을 분석한 자료를 보면, 스포츠 체육 관련 일을 하는 경우가 68.4퍼센트로 다른 전공 취업자 평균 63.3퍼센트보다 조금 높게 나타났어요. 그러나 건강 보험 직장 가입자 여부는 43.6퍼센트로 평균 50.6퍼센트보다 오히려 낮게 나와요. 체육 전공자들이 취업하는 곳에 보험이 적용되지 않는 곳이 많다는 건 직업 안정성이 떨어진다는 의미예요. 건강 보험 직장 가입자로 취업을 한 체육 전공자 중에서도 26.6퍼센트가 1년 이내에 직장을 옮긴다고 해요.[8] 적성에 맞지 않았을 수도 있지만, 그만큼 업계가 불안정하다는 말이기도 하지요.

단순히 운동을 좋아하거나 유명한 사람들을 보고서 체육 관련 전공과 직업에 도전하는 건 아주 무모한 일이에요. 스포츠가 자신에게 맞는 영역인지부터 진지하게 생각해 봐야 하고, 중·고등학교 때는 무엇보다 여러 스포츠를 두루 경험하고 그 가치를 알아가는 과정이 중요해요. 그보다 중요한 건 사회적으로 안정적인 일자리를 만들어 놓는 일이겠지요. 더불어 우리나라 스포츠 시장이 더 커져야 하고요.

「국민체육진흥법」 제10조에는 "대통령령으로 정하는 직장에는 직장인의 체력 증진과 체육 활동을 지도·육성하기 위하여 체육 지도자를 두어야 한다."라고 명시되어 있어요. 현재는 공공 기관으로 직장의 범위를 제한하고는 있지만, 점차 직장의 범위를 넓혀 간다면 직장마다 체육 지도자를 둘 수 있게 되겠지요. 많은 직장에서 종목별 동호회가 만들어지고, 직장 간 체육 대회라는 축제의 장이 만들어지면 스포츠 시장에도 영향을 미치게 될 거예요. 즐기는 사람이 많아지면 자연스럽게 스포츠 시설, 용품, 지도자 수가 확대되고, 프로 팀 경기를 관람하는 사람들 수도 늘어나게 되니까요. 언제부터인가 각 지역 동호인 중심으로 생활 체육 대회가 활성화되고 있는데, 많은 사람들이 스포츠를 즐기며 건강해지고 아울러 일자리도 늘어나고 있어요.

꿈을 더 크게 갖고 스포츠에서 지금까지 경험해 보지 못했던 새로운 영역을 개척해 보는 것도 중요한 일이에요. 스포츠 산업의 연평균 성장률이 꾸준히 증가하고 있고, 4차 산업 혁명과 스포츠 분야가 접목되어 스마트 신발, 의류 개발 등 발전 가능성도 점점 커지고 있어요. 시대가 변하면 사람들의 요구도 변해요. 학창 시절에 다양한 스포츠를 경험하며 사람들의 요구를 빠르게 인식하고 공감하는 경험을 하면 나중에 큰 자산이 될 거예요. 그 요구에 잘 대응해 갈 수 있다면 자신이 좋아하는 스포츠를 통해 새로운 직업을 개척할 수도 있겠지요.

+Q 인공 지능 기술과 스포츠의 발전

사람이 직접 움직이면서 몸의 변화를 경험해야 하는 스포츠는 인공 지능이 대체하기 어려운 분야예요. 하지만 스포츠의 영역이 다양해진 만큼 인공 지능이 영향력을 미칠 수 있는 부분도 많아지고 있어요. 인공 지능을 스포츠 발전 수단으로 활용할 수 있는 방법을 생각해 봅시다.

체육 시간에 왜
모두 같은 체육복을 입을까?

화창한 5월, 같은 체육복을 입은 어린이들이 운동회에 참가하여 즐거운 시간을 보내고 있다.

세계적으로 화제가 된 드라마 「오징어 게임」에는 녹색 체육복이 나와요. 등장인물이 모두 헐렁한 녹색 체육복을 입고서 치열하게 싸우는데, 그 모습이 우스꽝스럽기도 하고 처연해 보이기도 해요. 드라마를 보며 문득 학창 시절 체육복이 떠올랐어요. 제가 초등학교를 다닐 때는 위아래 하얀색 체육복을 입었어요. 1988년 서울 올림픽 개막식 때 굴렁쇠를 굴리던 아이가 입었던 옷도 그 하얀색 체육복이었지요. 왜 하얀색이었을까요? 운동장에서 땀 흘리며 뛰다 보면 쉽게 더러워지고, 방과 후에 떡볶이 먹다가 국물이라도 흘리면 큰일인데요. 설마 조심조심 행동하라는 뜻에서 하얀색을 택했을 리는 없겠지만, 결과적으로 조심해서 행동할 수밖에 없는 옷이었어요.

중학교 때는 자주색 체육복을, 고등학교 때는 녹색 체육복을 입었어요. 그리고 군대에서는 주황색 체육복을 입었지요. 주말이나 일과가 끝난 후에는 주로 이 체육복을 입었는데, 군인이 이렇게 눈에 잘 띄는 색깔 옷을 입어도 되나 하는 생각이 절로 드는 옷이었어요.

요즘은 학년별로 색깔이나 디자인이 다른 체육복을 입는 학교가 많은 것 같아요. 학년별로 색깔만 지정하고 학생이 원하는 체육복을 입게 하는 경우도 있어요. 그러면서 자연스럽게 '선택파'와 '통일파' 사이에 논쟁이 생기기도 했어요. 일부지만 입학 때부터 졸업 때까지 체육복을 자율에 맡기는 학교들도 있어요. 체육 시간에 활동하기 편한 복장을 입게 하다 보니 축구를 할 때는 축구 유니폼을 농구할 때는 농구 유니폼을 챙겨 입는 학생들도 많아요. 하지만 대체로는 학교에서 정한 체육복을 입고 있어요.

체육복은 우리나라에 근대 교육이 시작된 19세기 끄트머리에 도입되었어요. 일제 강점기에는 몇몇 유명 사립 학교를 제외하고는 학교에서 체육복을 따로 입지 않았어요. 1910년대 이화학당에서는 조끼 치마 형태의 체육복을 고안해서 체육 시간에 입게 했고,[9] 1940년대 경기공립고등여학교에서는 전체 학생들이 하얀색 상의 체육복을 입었어요.[10] 이때까지도 보편적인 모습이 아니라 특권층 자녀의 상징처럼 여겨졌지요.

일반 초·중·고 학교에서 본격적으로 단체 체육복을 입기 시작한 것은 6·25 전쟁이 끝나고 난 뒤예요. 1950년대 중반부터 검정색 교복을 입기 시작하는데, 체육복도 그때 같이 등장하지 않았나 추정하고 있어요. 1960년대 초 신문 기사에 체육복을 입은 중학생의 모습이 새로운 풍경으로 소개되기도 하고, 체육복 가격 담합 관련 부작용에 관한 기사들도 있어요.[11] 당시에는 대학생들도 체육복이 따로 있었다고 해요.

학교에서 체육복을 단체로 구매해서 입던 1960년대를 지나, 1970년대에 와서는 학교에서 색과 규격만 정해 주고 학생이 자유로이 구매하게 했어요.[12] 1980년대에는 중·고등학교 두발, 교복 자율화 방침이 발표되는데, 많은 학교에서 체육복만은 그대로 유지했어요. 대부분 학교에서 지정한 체육복을 단체로 구매해 입었지요. 학교를 나타내기도 하고 학년을 구분하는 데도 유용했기 때문이에요. 90년대에 들어와서는 색만 지정해 주고 자율 구매하도록 하기도 했답니다.

다른 나라의 사례를 살펴볼까요? 가까운 일본과 중국은 대부분 학교에서 단체 체육복을 입어요. 영국과 호주도 단체 체육복을 입는데, 스위스, 오스트리아, 독일, 프랑스, 캐나다, 미국은 자유롭게 운동복을 입기만 하면 돼요. 신체 활동이 편하면서도 집단을 구분하는 용도로 많이들 체육복을 입지만, 자율적인 체육복 문화를 가진 나라들도 상당히 많아요.

단체 체육복을 선호하는 사람들은 체육복이 학부모의 경제적 부담을 덜어 주고, 체육복 선택의 고민을 줄여 주며, 빈부가 드러나지 않게 해 주어 사춘기 정서에 도움을 준다고 주장해요. 또 단체 체육복은 집단 내 화합을 도모하는 기능을 하기도 해요. 집단끼리 구분을 해 주니까요.

획일성과 일체감을 강조하는 단체 체육복보다 학생들의 다양성과 창의성을 존중하는 자율 체육복이 좋다는 반대 주장도 있어요. 사실 체육복은 다양한 신체 활동을 하는 데 적절한 옷이기만 하면 돼요. 축구를 할 때와 야구를 할 때의 복장이 다른 것처럼 어떤 운동을 할 때 왜 그 운동에 맞는 복장을 갖추어야 하는지, 필요성과 효율성을 먼저 이해할 필요가 있다고 생각해요.

체육복 문화는 오랫동안 구분과 통제의 수단으로 활용되어 왔어요. 혹시 지금도 여전히 그런 기능을 하고 있는 건 아닌지, 체육복에 어떤 새로운 의미를 담아야 할지 깊이 고민해 볼 필요가 있어요.

+Q **개성 존중 시대의 개성 획일화**

교복이나 체육복 자율화를 주장하는 사람들은 '개성 존중', '자율성 보장'을 가장 큰 근거로 들어요. 과거에 비해 현대 사회는 각자의 개성을 존중하고 자유롭게 표현할 수 있는 시대예요. 그런데 이상하지요? 길거리를 보면 비슷한 옷차림과 헤어스타일을 한 사람들이 너무 많거든요. 왜 이런 현상이 나타나는지 친구들과 이야기를 나눠 보세요.

우리나라 탁구 국가 대표 선수로 뛰었던 김택수 감독의 사인. '탁구'라는 종목의 특징을 살려 사인을 만들었다고 한다.

스포츠 스타의 사인을 받아 본 경험이 있나요? 연예인 사인도 마찬가지겠지만 멋지게 휘갈겨 쓴 스포츠 선수의 사인은 그 선수를 상징하는 표식이자 선수와 팬이 직접 마주하고 교감하는 매개예요. 유명 스포츠 스타의 사인이 있는 유니폼, 공, 배트, 라켓은 가격을 매기기가 어려워요. 야구 팬과 축구 팬이 다르고, FC서울의 팬과 FC수원의 팬이 느끼는 선수 애정도도 다르니까요. 바로 이런 점 때문에 선수 사인은 경매 기부금을 조성할 때 아주 유용하게 쓰여요. 소장하고 싶은 마음이 간절할수록, 다시 말해 '팬심'이 투철할수록 가격이 올라가기 마련이니까요.

사인으로 선수 개인에 대해 더 많은 사실을 알 수도 있어요. 사인을 곰곰이 살펴보면 선수들이 사인에 어떤 의미를 담으려고 했는지, 자신의 어떤 이미지를 강조하려 했는지 알 수 있거든요.

1987년부터 2004년까지 우리나라 탁구 국가 대표 선수로 뛰었던 김택수 감독은 1990년 초에 지금 사용하고 있는 사인을 만들었다고 해요. 당시 세계 대회 출전이 잦아지면서 팬들에게 사인해 줄 기회가 많아졌는데 이왕이면 탁구인으로서 의미 있는 사인을 만들어 보고 싶었다고 해요. 한국 사람들은 물론 외국인들도 김택수 선수를 연상할 수 있게 영어와 한글을 함께 사용했어요. 성 'Kim'의 'K'를 길게 빼서 탁구대처럼 만들고 'i' 위에 동그라미로 탁구공을, 'm'을 탁구대 위에서 랠리가 펼쳐지는 모양으로 표현했어요. 'Kim' 뒤에 이름은 한글로 썼어요. 세계인들이 탁구 선수 김택수를 알아볼 수 있게 고심한 흔적을 고스란히 엿볼 수 있는 사인이에요.

프로 야구 선수 김현수의 사인(왼쪽)과 고교 야구 선수 임재민의 사인(오른쪽)

2016년 당시 메이저 리그 볼티모어 오리올스 소속으로 뛰던 김현수 선수의 사인볼을 갖게 된 임재민 선수는 당시 초등학교 6학년의 야구 꿈나무였어요. 그는 미국 볼티모어에서 개최된 칼립켄 주니어 야구 대회에 한국 유소년 대표로 참가하게 됐는데, 거기서 김현수 선수를 만나 사인을 받았어요. 말로 표현할 수 없을 만큼 기뻤고, 자신도 누군가에게 꿈을 키워 주는 훌륭한 야구 선수가 되어 사람들에게 사인을 해 주고 싶었다고 해요. 자기 사인을 만들어 보기 시작한 것도 바로 그때부터였고요. 임재민 선수의 사인도 프로 선수 사인 못지않게 멋지지 않나요? 꾸준히 노력해서 누군가에게 멋진 사인볼을 선물할 수 있는 훌륭한 프로 선수가 되길 응원합니다.

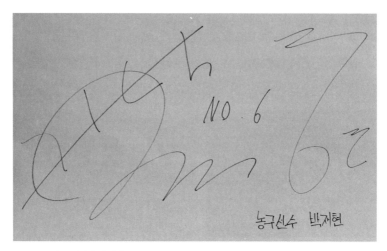

프로 농구 선수 박재현의 사인

　2022년 현재 프로 농구 팀 전주 KCC 이지스에서 가드로 활약하고 있는 박재현 선수는 프로 팀에 입단하면서 자신도 사인이 있어야겠다고 생각했어요. 처음에는 그냥 이름만 흘려 썼는데 사인 안에 뭔가 의미를 담아야겠다는 생각이 들어 여러 가지 시도를 하다가 지금과 같은 사인을 만들었다고 해요.

　보통 선수들의 사인은 이름 글자만으로 만들어지는데, 박재현 선수는 특별히 농구를 사인 안에 표현하고 싶어서 박의 'ㅂ'과 재현의 'ㅈ'을 포개서 농구공의 이미지를 표현했어요. 그리고 가운데 자신의 등 번호인 'NO.6'를 넣었지요. 많은 팬들이 이 사인을 좋아해 주어서 지금도 사인을 할 때마다 뿌듯함을 느낀다고 해요.

　유명 연예인이나 스포츠 스타라면 팬들에게 자신 있게 해 줄 사인 하나쯤은 갖고 있을 거예요. 막상 사인해 줄 위치가 됐을 때 할 만한 사인이 없다면 참 난감한 일이겠지요. 그래서 막 프로에 진출한 선수들은 사인을 만드는 데 적지 않은 시간과 공을 들인다고 해요. 전문적으로 사인을 만들어 주는 회사도 있어서 그곳에 의뢰하기도 하고요. 프로 야구 선수들 사이에서는 짧은 시간 동안 많은 팬들에게 사인을 해 주려면 5초 안에 끝낼 수 있는 사인이어야 한다는 우스갯소리가 공공연하게 퍼져 있다고 해요.

보통 사인은 자신의 이름을 기본으로 해요. 거기에서 출발해 다양한 언어와 기호 등을 결합해서 자신만의 정체성과 의미를 담지요. 여러분은 어떤가요? 여러분은 여러분만의 사인이 있나요?

+Q 나만의 사인 만들기

나만의 사인이 있다면 그 사인을 만들게 된 계기와 사인에 담긴 의미를 말해 봅시다. 아직 사인이 없다면 지금 자신을 잘 나타낼 수 있는 게 무엇일지 생각하며 사인을 만들어 봅시다.

스포츠 동호회 열풍, 어디까지 이어질까?

국내 최대 생활 체육 인구를 보유하고 있는 배드민턴. 2021년 대한배드민턴협회에 등록된 동호인 선수는 6만 명이 넘고, 취미로 하는 인구는 300만 명이 넘는 것으로 추산된다.

주말에 학교 운동장이나 경기장을 지날 때, 동호회 사람들이 모여 열심히 운동하는 모습을 본 적 있을 거예요. 어쩌면 여러분 가족 중에도 배드민턴, 축구, 탁구 같은 스포츠 동호회 회원이 있을 수도 있겠네요. 수영, 등산, 마라톤, 클라이밍, 자전거, 테니스, 볼링 등 거의 모든 종목에 동호회가 있고, 회원 가입률도 점점 높아지는 추세예요.

미디어에서도 과거에는 전문 선수들의 경기만 볼 수 있었지만 지금은 아마추어, 동호회 경기도 볼 수 있어요. 연예인 스포츠 예능도 많이 있지요. 비록 수준 높은 기술을 볼 수는 없지만 실수를 연발하고, 힘에 부쳐 하면서도 조금씩 성장해 가는 모습과 소탈한 뒷이야기로 많은 인기를 끌고 있어요.

이렇듯 전문 선수로서 스포츠를 업으로 삼는 것이 아니라 건강을 위해 혹은 취미 활동으로 스포츠를 즐기는 것을 '생활 체육'이라고 해요. 때때로 운동 종목 앞에 '사회인'을 붙여 '사회인 야구', '사회인 농구' 하는 식으로 부르기도 하고요. 최근 들어 이렇게 생활 체육인이 많아지게 된 이유는 무엇일까요?

먼저 우리 주변에 운동할 수 있는 시설과 환경이 좋아졌어요. 일이 끝나고 운동할 수 있는 시간적 여유도 생겼고요. 더불어 스포츠마다 필요한 복장, 운동 장비들이 다양한데, 이를 구입할 수 있는 경제적 여유도 생겼어요. 나라가 발전하고 개개인 삶에 여유가 생기면서, 좋아하는 운동을 하면서 건강을 챙기는 삶이 자연스럽게 일상에 녹아들게 된 거예요.

생활 체육 저변이 넓어지면서 이와 관련된 새로운 직업도 생겨났어요. 생활 스포츠 지도사는 건강과 취미를 위해 스포츠를 즐기는 사람들에게 각자 맞는 프로그램을 설계해 주고 지도해 주는 일을 해요. 국가 공인 자격 시험에 합격하고 소정의 연수 교육을 받아야 이 일을 할 수 있어요. 또 사회인 스포츠 코디네이터라는 직업도 생겼어요. 사회인 스포츠를 시작하고 싶은 사람들에게 지역 동호회를 소개하거나 동호회 간의 교류를 도와주고 대회 정보 등을 제공하는 일을 해요.

이제 생활 체육 활동은 자기 동네에서 머물지 않고 지역 간 대회로까지 확대되어 전국 규모의 동호인 대회가 열리고 있어요. 각종 타이틀과 상금, 상품이 걸려 있어 참가자 수도 꾸준히 늘고 있어요. 국내를 넘어 국제 동호인 대회에 참가하기도 해요. 한 예로 '세계 변호사 월드컵 축구 대회'가 있어요. 이 조직은 변호사들이 주축이 된 대회로 1983년 모로코에서 시작되어 세계 각지로 퍼졌어요. 1984년부터 2년마다 열리고 있는데, 약 40개국, 140여 팀이 참가한다고 하니 규모가 꽤 큰 대회지요. 우리나라 변호사 팀도 2006년부터 꾸준히 참가하고 있어요.

'월드 시니어 배드민턴 선수권 대회'는 35세부터 75세까지 연령별로 나누어 진행하는 대회예요. 정말 평생 체육이라는 말이 실감나지요? 이밖에도 국제 시니어 농구 대회, 국제 시니어 테니스 대회 등 많은 생활 체육 동호인 대회가 국제 대회 규모로 열리고 있어요. 생활 체육인들이 참가하는 올림픽, 월드 마스터스 대회라는 것도 있고, 아시안 게임에 해당하는 아시아 태평양 마스터스 대회도 있어요.

스포츠 대회가 성별, 나이, 직업에 상관없이 누구나 참가할 수 있는 행사로 인식되어 가고, 동네 대회부터 국제 대회까지 다양한 대회가 열리고 있는 만큼 자기에게 맞는 운동을 골라 실력을 쌓아 가면 좋을 것 같아요. 관람만 하는 수동적인 위치에서 경기장 안으로 들어가 직접 참여하는 주체가 되면, 보는 것만으로는 알 수 없었던 스포츠의 열정과 감동을 몸소 느낄 수 있을 거예요.

+Q 스포츠 동호회 만들기

여러분은 어떤 스포츠 동호회에 참여하고 있나요? 아직 없다면 어떤 동호회에 들어가고 싶나요? 친구들과 스포츠 동호회를 만든다면 어떤 종목이 좋을지, 동호회 이름은 무엇으로 할지 이야기 나누어 봅시다.

스포츠 관련 법에는 무엇이 있고 어떻게 바뀌어 왔을까?

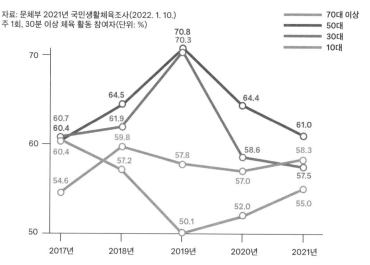

자료: 문체부 2021년 국민생활체육조사(2022. 1. 10.)
주 1회, 30분 이상 체육 활동 참여자(단위: %)

문화체육관광부에서 조사한 주요 연령대별 체육 활동 참여율 추이. [13]
2018년 이후 10대의 체육 활동 참여율이 가장 낮은 것으로 조사되었다.

체육 관련법이 어떻게 변화해 왔는지 추적해 보면 우리나라 스포츠가 변해 온 역사를 알 수 있어요. 체육 관련법에는 「국민체육진흥법」, 「스포츠기본법」, 「태권도 진흥 및 태권도공원 조성 등에 관한 법률」, 「학교체육진흥법」 이렇게 크게 네 가지가 있어요. 이 중 가장 오래된 법이 「국민체육진흥법」이에요. 이 법이 어떻게 탄생했고 어떻게 변화해 왔는지 살펴보면 유용한 정보를 많이 얻을 수 있어요.

우리 사회가 스포츠 활동에 관심을 갖고 직접 참여를 권장하게 된 건 얼마 되지 않아요. 1950~90년대에는 운동할 시간과 공간, 시설이 부족했어요. 1995년 본격적인 지방 자치 제도가 시행되고 기초, 광역 단체장들을 선거로 직접 뽑게 되자 지역 주민들의 복지와 직결된 체육 시설들이 눈에 띄게 늘어났어요. 동네마다 공원이 생기고 축구장, 배드민턴장, 스포츠 센터, 수영장이 문을 열며 스포츠 동호회 활동이 활발해졌지요.

1962년, 정부나 지자체가 새로운 체육 정책을 만들려고 할 때 근거로 사용되는 「국민체육진흥법」이 만들어졌어요. 그런데 당시 이 법을 만들 때 정부의 고민은 국민 복지가 아니라 전문 체육 정책에 있었어요. 예를 들면 "국가는 국제 기준에 맞는 국립 종합 경기장을 설치·운영한다."든가 "국가는 국가를 대표하는 선수와 지도자에 대하여 필요한 보호를 해야 한다."라고 명시하고 있어요. 당시 우리나라에 전문 선수들을 위한 체육 시설이 거의 없었기 때문에 그 근거를 마련하기 위한 법이었다고 할 수 있지요. 그래서 예산을 조달하기 위해 "지방 자치 단체는 체육 진흥에 필요한 경비를 보조할 수 있다."라는 단서도 달았고요.

「국민체육진흥법」 제1조 '목적'만 보면 전문 체육 정책을 목적으로 하고 있다는 생각을 전혀 할 수 없어요. "국민 체육을 진흥하고 국민의 체력을 증진하고 건전한 정신을 함양하여 명랑한 국민 생활을 영위하게 함을 목적으로 한다."라고 되어 있거든요. 이 문구만 보면 생활 체육에 방점이 있는 법처럼 보여요. 그리고 체육의 날과 체육 주간을 정해 행사를 열게 하고, 학교와 직장 체육 그리고 운동장, 체육관, 수영장 등을 설치하도록 한 조항도 있는데 이는 당시 사회 분위기나 현실과는 매우 동떨어진 내용이었어요.

1960년대까지는 보릿고개라는 말을 자주 썼어요. 가을에 수확한 곡식이 다 떨어졌는데, 아직 보리는 여물지 않아 먹을 게 없는 음력 4월에서 5월 사이를 뜻하는 말이에요. 궁핍한 봄이라 해서 춘궁기라도 했고요. 먹고 살기도 쉽지 않은 상황에서 체육 활동을 위한 체력이 어디 있고, 그런 시간적, 경제적 여유가 어디 있었겠어요. 그러니까 「국민체육진흥법」은 국민들을 위한 생활 체육법이라고 보기에도 어울리지 않는 측면이 있었어요.

이 법은 사실 일본의 스포츠 진흥법을 참고했어요. 1964년 도쿄 올림픽 준비에 한창이던 일본 정부는 1961년 국민들의 스포츠 관심도를 높이고 국가 보조금을 올림픽에 활용하기 위해 스포츠

진흥법을 제정했어요. 그 법을 그대로 모방을 했으니 우리와는 맞지 않는 게 당연했지요.

법률의 목차, 목적, 진흥심의회, 체육의 날 행사, 지방 체육의 진흥, 학교 및 직장 체육의 진흥, 지도자의 양성, 체육 시설, 국가의 보조 등 일본의 스포츠 진흥법과 거의 일치해요. 그렇다고 일본이 이 법률을 주체적으로 만들어 낸 것도 아니에요. 독일 법률을 참고해서 일본에 맞게 수정했을 뿐이거든요.

북한의 체육법 역시 일본의 스포츠 진흥법이나 한국의 「국민체육진흥법」과 유사해요. 1949년 북한은 매년 10월 둘째 일요일을 체육절로 정하고 그날 앞뒤로 전국 체육 대회 기간을 설정하여 개최한다고 발표하는데, 실제로 1948년 말부터 운동장, 체육관, 수영장 등 체육 시설에 적극적으로 투자했어요. 또한 학교와 직장 소속 체육단이 조직되기 시작했고, 노동자, 농민에 이르기까지 체육 문화 사업을 넓혀 갔어요. 이런 정부 차원의 결정 사항들이 1997년 체육법이라는 형식으로 정리되는었는데, 1962년 제정된 우리의 「국민체육진흥법」과 겹치는 내용이 많았어요. 북한은 원래 소련 사회주의 체육 정책을 모방하여 체육 정책을 펼쳐 왔는데, 사실 일본이든 소련이든 체육 정책을 국가가 주도해 왔다는 점은 다를 게 없어요.

다시 우리 「국민체육진흥법」으로 돌아와서, 1982년에는 법의 목적에 "체육을 통하여 국위 선양에 이바지함을 목적으로 한다."

라는 문구가 추가되어요. 스포츠로 국위 선양을 한다는 인식은 오래전부터 있었어요. 1948년부터 올림픽에 참가하는 것 자체가 국위 선양이라고 생각하고 있었지요. 1981년 서울 올림픽 유치가 확정되고 모든 관심이 올림픽에 집중될 때 '국위 선양'을 「국민체육진흥법」 목적에 넣은 것인데, 스포츠를 통한 국위 선양이란 올림픽에 참가하는 엘리트 선수들에 한정될 수밖에 없어요. 결국 우리 사회의 체육 정책은 전문 선수들을 위한 정책이었다고 봐야 해요.

2020년 도쿄 올림픽에서 우리나라 선수들이 금메달을 못 따도 즐거워하던 모습을 떠올리면 과거와는 올림픽을 대하는 인식이 많이 달라졌다는 걸 느껴요. 이러한 변화는 2021년에 개정된 「국민체육진흥법」의 목적에서도 감지돼요. "이 법은 국민 체육을 진흥하여 국민의 체력을 증진하고, 체육 활동으로 연대감을 높이며, 공정한 스포츠 정신으로 체육인 인권을 보호하고, 국민의 행복과 자긍심을 높여 건강한 공동체의 실현에 이바지함을 목적으로 한다."로 국위 선양이라는 단어가 빠지고 연대감, 공정, 인권, 행복, 자긍심, 공동체 등과 같은 단어가 들어갔어요. 2021년에 들어서야 국위 선양이라는 목적에서 벗어나 국민 모두를 위한 체육으로 목적이 바뀌게 된 거예요. 이건 아주 의미 있는 변화예요. 체육이 특정한 사람들만 하는 놀이나 문화가 아니라 국민 모두가 주체적으로 자신의 권리와 행복을 찾아가는 활동이란 것을 알려 주고 있는 것이니까요.

+Q **스포츠와 국민 행복**

1. 대한민국 국민으로서 스포츠 활동에 참여할 수 있는 권리를 잘 누리고 있다고 생각하나요? 그렇지 않다면 무엇이 문제라고 생각하는지 이야기해 봅시다.

2. 2012년에 공포된 「학교체육진흥법」과 2021년에 공포된 「스포츠기본법」은 비교적 최근에 제정된 법률이에요. 각 법률의 특징과 차이를 조사하여 발표해 봅시다.

주

1부 알수록 재미있는 스포츠의 유래와 규칙

1   김영미, 「식민지기 오락문제와 전통오락 통제에 관한 일고찰 -줄다리기 사례를 중심으로-」, 『한국문화연구』 제32권(2017), 70~72면.

2부 당당하고 공정하게, 스포츠 정신

1   박보현, 「도핑의 재구성; 도핑(Doping)의 역사」, 『스포츠과학』 제131권(2015), 20면; 한국도핑방지위원회, 2018 도핑방지교육, 7면.

2   Mike Dennis, "Securing the Sports 'Miracle': The Stasi and East German Elite Sport", *The International Journal of the History of Sport*, Vol. 29, (2012), p.2553~2554

3   박보현, 앞의 글 22면.

4   「수영 '0.39초 만에 출발' 유년부는 1등·초등부는 실격? 소년체전 판정 논란」, 『한국일보』, 2021년 11월 17일.

5   「여성 선수 49%… 도쿄 올림픽은 정말 '성평등'할까?」, 『BBC 뉴스 코리아』, 2021년 7월 24일.

6   국제올림픽위원회, 「Gender equality & inclusion report 2021」, 7면.

7   국가기록원, 「세계탁구선수권대회, 제35차. 평양, 1979.4.25.-5.6. 전6권(한국선수단 비자발급 거부)」, 관리 번호: DA0745913. p.172, 173, 376.

3부 떼려야 뗄 수 없는, 국가와 스포츠

1   윤영길 외, 「2018 월드컵 붉은악마의 거리응원 동기와 거리응원 동기의 역동성」, 『한국체육학회지』 제57권 제6호(2018), 41~56면.

2   OSC, Sessions(Hard disk), "01-Sessions", 1953-1971 Folder.

3   「How much do Australian athletes earn for winning an Olympic medal?」, *The Sporting News*, 2021. 5. 8.

4   이대택, 「1947년 대한올림픽위원회 예비인준과 브런디지의 역할」, 『체육과학연구』 제29권 제2호(2018).

5   최진환, 「88 서울올림픽 남북 공동주최 논쟁에 관한 연구」, 『현대북한연구』 제24권 제1호(2021).

_____, 「1991년 남북단일팀 성사와 단절에 관한 고찰: 제41회 지바 세계탁구선수권대회를 중심으로」, 『국가전략』 제28권 제1호(2022).

6   정현도·박동수, 「남북한 태권도의 시범내용 비교 분석」, 『한국체육교육학회지』, 제13권 제1호(2008); 홍성보, 「남북 태권도의 교류와 융합에 관한 연구」, 『무예연구』, 제11권 제2호(2017), 99면.

7   홍성보, 앞의 글 95면.

8   Avery Brundage Collection Microfilm(1908-1975). University of Illinois Archives, Film number 77-06, p.166.

9   Avery Brundage Colection, F35-10, p.35-36.

10   PRK, OSC List of Archives' Files: D-RM01-COREN/002, File number, 2-4.

11   Avery Brundage Collection, F35-11, p.26.

12   Avery Brundage Collection, F35-11, p.16~17.

13   PRK, OSC List of Archives' Files: D-RM01-COREN/002, File number, 43.; Avery Brundage Collection, F77-11, p.97~99; Brundage, A-P05-025, F-397.

14   한국체육언론인회, 『스포츠와 함께한 열광의 세월』, 2015, 59~63면.

4부 이건 몰랐지? 아는 만큼 보이는 스포츠 이야기

1   손환, 「일제강점기 조선의 체력장검정에 관한 연구」, 『한국체육학회지』, 제48권권 제6호(2009).

2   「체력장 제도 마련 금은동상 주기로」, 『경향신문』, 1968년 9월 16일.

3   「"고교 입시 체능 폐지" 문교부 방침 중학 체력장제 활용」, 『동아일보』, 1972년 2월 14일.

4   「추위 속에 땀 뻘뻘… 고교 입시 체능고사」, 『경향신문』, 1969년 1월 30일.

5   남덕현, 「한국 학생·군 체력검사 변천과정 의미와 특성 검토」, 『한국체육학회지』, 제55권 제3호(2016).

6   정경구, 「대학교 축구선수의 전공만족도와 진로결정 자기효능감이 취업불안에 미

치는 영향」, 『한국체육과학회지』, 제29권 제4호(2020), 158~159쪽; 김종환 · 홍재승, 「프로축구선수의 은퇴에 대한 인식 연구」, 『체육과학연구』, 제26권 제2호(2015).

7   EBS, 「다큐시선 – 그 많던 야구 선수들은 어디로 갔을까?」, 2019년 10월 10일 방송 재인용, 대한체육회(2017).

8   박광호, 「체육계열 대졸자의 괜찮은 일자리 취업 영향 요인 탐색적 분석」, 『한국체육학회지』, 제60권 제4호(2021), 16면.

9   「여학생들의 체조시간」, 『조선일보』 1968년 10월 17일.

10 서울역사박물관, 「서울학교 100년(1880~1980)」 온라인 전시 15번 세트.

11 「중학입학에 과중한 잡부금」, 『동아일보』, 1964년 2월 17일.

12 「학생지정 양복점제 폐지 우선 체육복 대상」, 『매일경제』, 1971년 12월 4일.

13 문화체육관광부, 「2021 국민생활체육조사」 2022.

사진 출처

- WIKIMEDIA COMMONS: 15면, 36면(ⓒArnaud Gaillard), 51면(ⓒMohammad Hassansadeh), 56면(ⓒPaul Kehrer), 78면, 88면, 95면, 101면(ⓒSander van Ginkel), 105면 (ⓒAngelo Cozzi), 118면(ⓒijs), 128면, 162면, 168면
- 국제올림픽위원회: 19면, 25면, 30면, 32면, 138면
- MASCOT WIKI: 34면
- PIXABAY: 41면, 60면, 97면, 113면, 195면, 220면
- HELLO ARCHIVE: 45면, 67면, 72면, 83면, 123면, 133면, 148면, 153면, 157면, 200면, 210면
- 『경향신문』: 143면(1974년 9월 27일), 155면(1963년 2월 7일)
- 국립민속박물관(www.nfm.go.kr): 174면
- 박병춘: 183면
- 서울기록원 서울사진아카이브(archives.seoul.go.kr): 188면
- NAVER 영화: 205면

* 위 출처 외 이미지는 필자가 직접 제공하였습니다.

쫌 이상한 체육 시간

아는 만큼 재미있는 스포츠 인문학

초판 1쇄 발행 2022년 12월 19일
초판 5쇄 발행 2024년 11월 6일

지은이 • 최진환
펴낸이 • 황혜숙
편집 • 윤보라
펴낸곳 • (주)창비교육
등록 • 2014년 6월 20일 제2014-000183호
주소 • 04004 서울특별시 마포구 월드컵로12길 7
전화 • 1833-7247
팩스 • 영업 070-4838-4938 | 편집 02-6949-0953
홈페이지 • www.changbiedu.com
전자우편 • contents@changbi.com

ⓒ 최진환 2022
ISBN 979-11-6570-177-2 43690